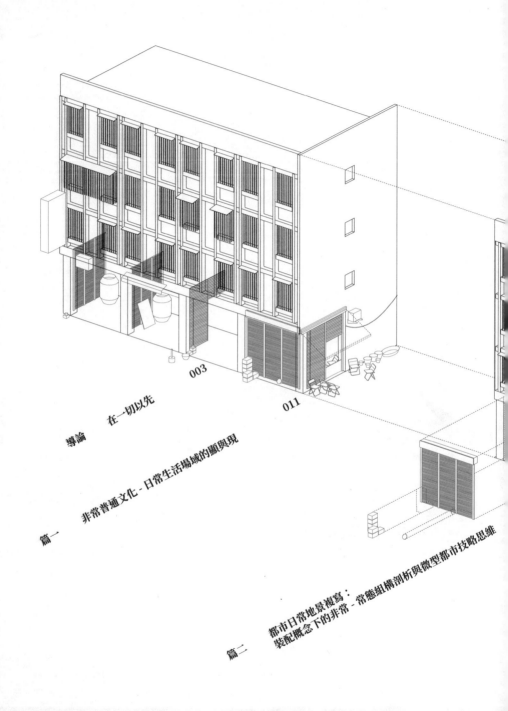

非常普通
田野計畫

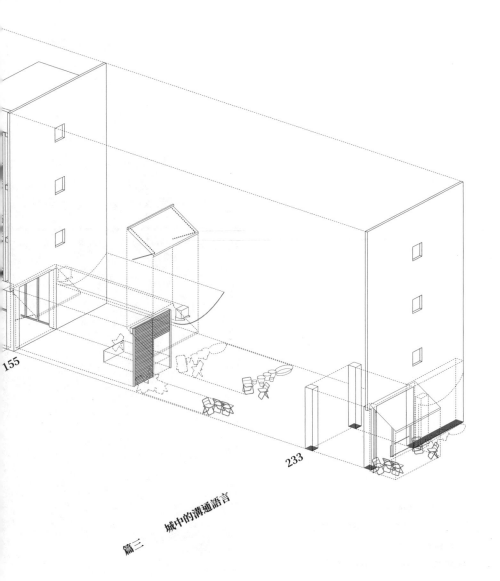

155

233

篇三　　城中的溝通語言

物件圖騭

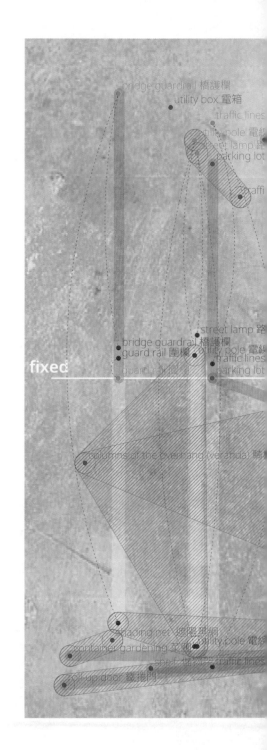

共構關係
轉變機能的街道傢俱
街道傢俱
誤用後的街道傢俱

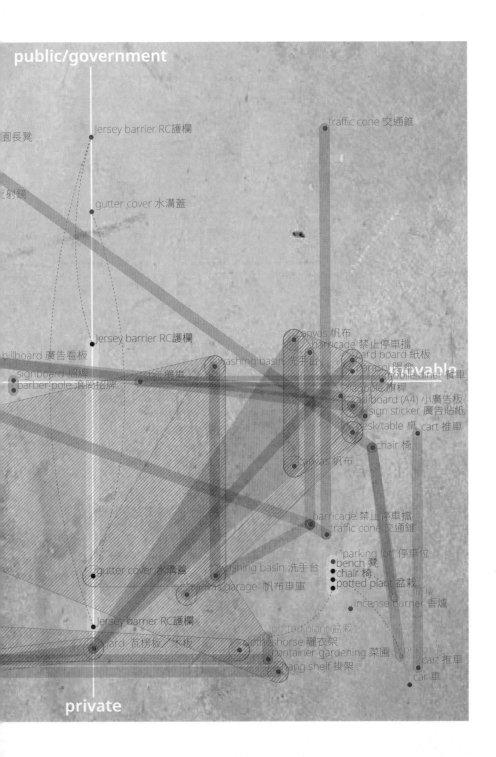

public/government

園長凳

Jersey barrier RC護欄

traffic cone 交通錐

射鏡

gutter cover 水溝蓋

Jersey barrier RC護欄

billboard 廣告看板

washing basin 洗手台

canvas 帆布
barricade 禁止停車擋
card board 紙板
parasol 陽傘

signboard 招牌
stall 攤車

barber pole 滾筒招牌

mobile diner 餐車

movable

pole 旗桿
ad board (A4) 小廣告板
sign sticker 廣告貼紙

desk/table 桌   cart 推車

chair 椅

canvas 帆布

barricade 禁止停車擋
traffic cone 交通錐

"parking lot" 停車位
bench 凳
gutter cover 水溝蓋   washing basin 洗手台   chair 椅
                                                      potted plant 盆栽
canvas garage 帆布車庫   chair 椅
                                                      incense burner 香爐

Jersey barrier RC護欄

potted plant 盆栽
board 瓦楞板／木板   cloth'shorse 曬衣架
                      container gardening 菜圃   bench 凳
hang shelf 掛架   cart 推車
                                                      car 車

private

本書觀察紀錄在街頭看見的「非-常／普通」的空間文化，作者韋翔與李艒用英文的 'the uncommon ordinary'，common 在英文有平凡、通常、共同的意思，也有公共、公眾之意，所以書名的「非常」似也有「非公共」的意思，也就是指那些「本來歸公共所有、供公眾使用的東西被私人佔用，以致於變得非公共」，這是我們已經習以為常的街頭空間的邊緣性現象，包括空間使用、街景視覺、住商介面等被真實生活出來的拼裝版微型都市---在非法、非正式、非現代的邊界上遊走出的風景。

在我看來，本書可看成是三部分：前兩部分是由韋翔發表的「都市微型介面論」與「街道經濟行為學」、以及最後李艒的「街道生活領域學」。 第一部分較屬通論性質，嘗試打開一個兼容異質性的視角，重新觀看一種微型都市生活肌理學所對應的「非常普通」的街頭文化景觀。紀錄涵蓋了台灣城鎮街頭常見的生活與生計物件，如帆布、水、招牌、廣告、小發財車等拼裝出來佔用的、臨時的、機動的、挪用的微型城市景觀。 企圖發展新的一套微觀、碎片、黏蟄式的理論思維，描繪出街頭生活神經之差異整體的關係圖像，並期望以此引出一種具顛覆力、重構力的都市計略與行動。

第二部分的「街道經濟行為學」，是關於都市夾縫中的小民經濟空間，他們做街頭生意而佔用部分道路或人行道，這種第三部門或非正式部門的經濟行為，將成本外部化（不繳稅、不付租），以提供便宜的物品與服務。 一旦這地區進行都市更新改造，投入新資本建新樓後，勢將

帶來該區的高級化或仕紳化（gentrification），而被納編入資本主義生產體系運作，則這種夾縫中的小民生計即可能消失。從社會學觀點看，這就是都市的異質性被排除的過程。在同質性世界裡「完成」是必要的，但對「非常普通」的街頭經濟而言，「未完成」是因另有所圖 --- 物質性安排是為某種更急迫目的而設，目的已達，就不必在意那個物質性形式是否完成，所作所為是非（長期）計畫性的、是隨機應變的，不在乎完成與否。

　　台灣正逐步進入已開發狀態 --- 亦即更完全的資本主義化，以往開發中現象，正逐漸要被納入法律規範，那些目前還可存活在街頭的非正式經濟，帶來社會階層多元、社會構成複質、異質性發展，但也是一種無償佔用公共資源、成本外嫁的私行為，這些「非常普通」的日常生活都將要或正被「正常化」，這將是進步或是損失？

　　李鑫的第三部分呈現的則是一種「街道生活領域學」，靠著社會潛規則進行街頭空間使用的溝通，邊界定義是鬆動模糊的，一向本著「不是你的、不是他的，那就是我的」原則，到處都見公然佔便宜，以各種動作如撐起帆布蓬、擺盆栽或傢俱、設水龍頭、停車、清洗物件等，長期或臨時佔用私土地鄰接的公共空間。歐美一般獨棟住宅都設門廊、車庫，可作為公私介面元素，在台灣的獨棟住宅大都圍起高牆，只剩大門口做出入，介面功能稀薄。一般的店屋或街屋（shop house）則面向大街，屋後面大多蓋滿，只留水溝寬度，有些活動（如修理、清洗）只能在店前進行。在歐洲家家戶戶在潔淨窗戶裡邊擺盆花家飾，台灣則是家家戶戶門前擺盆栽，兼有佔用（如阻止停車）與分享的意思。

這些家／店與街／巷的介面，被擺上各種街道傢俱，介於半固定與非固定元素之間，自發地界定生活領域 作為居家私領域的延伸。 這也使都市裡沿街店前與小巷內，經常外溢出居家生活氛圍，一種生活的人氣，干預公共活動邊界。有些店家擺出路霸讓人討厭，但某種街頭佔用似乎又讓街頭有人味，甚至人情味。

這些「非常普通」的街頭文化景觀，這些物件、行為與空間之所以存在的條件，來自於透天厝類型、住商合一、騎樓空間、步行尺度、老舊鄰里中權屬模糊的地面層使用等台灣都市特色 --- 光是騎樓柱，就產生好多「非常普通」的微型介面現象。 這些特色構成的市井結構，包容低收入人口的營生方式、鄰里之間因佔用、邊界意識、領域界定之各種折衝，形成都市生活營生裡的默契，而非由制度法律所規範，如此反而包容各種低限的生活／營生方式，保持住都市商品服務鏈的複雜度及都市的文化多樣性。

台灣便利商店普及程度，似就意味著它們吸納了多少的街頭攤販經濟，「非常普通」的非條碼化的商品服務還能存在多久？ 都市重劃、更新，將小塊地合併成大宗土地、建高樓 --- 大部分情況下造就門禁社區、地面只留一個堂皇出入口及優雅植栽景觀所營造出的私設開放空間 --- 低層高密度居住型態的出入流動性（accessibility）將降低，庶民街景是否也將因此沒入歷史？ 攤販們若無法以「非常普通」的低門檻方式在街頭營生，只好在正式體制裡成為政府社會救濟的對象嗎？

建築一直以來被當成秩序的象徵，但常是被政治權力、資本主義生產消費邏輯所左右，我們的建築養成是經由現代意識、歐美日範型而來，對於自己從小生活的真實環境，反而常是在學校學來的框框之外，所以本書關於這項空間紀錄的意義在於提問：是否有另種可能途徑來向真實都市學習？「非常普通」的街頭現象學似透露出另類的微都市計略與行動可能，這是當代台灣建築主流教育的「脫軌的知識」嗎？

　　如何記錄生活真實也是需要被設計的，本書的記錄方式包括攝影與繪圖，以一般視角拍攝各種存在瞬間、半天、整天、或直到破爛的街頭什景百態，加上圖繪 --- 平面圖、立面圖、透視圖、等角透視圖等 --- 呈現街頭物件空間關係，記錄下被生活生計所調動的固定、半固定、非固定元素之關係，以及身體與物件、建築的尺度工學，也顯示微型都市分析調焦（close-up）觀察。 未來也許還可補充那些難以被紀錄的社會習癖： 邊走邊吃的逛街習慣、愛佔便宜的心態、街頭商業的智慧（陳列物品的 know-how、兜售伎倆等）。

　　每個社會都有自己帶著血肉的生活，但是都逐漸在現代化過程中被工業化、資本主義化，而漸失去血肉生活的溫度。 亞洲特有的住商混合偏好、要求便利的市井生活、反分區使用的生活習慣…，如此真實生活肌理不一定是必須逐漸消失的。 韋翔與李絟這本書應不只是一個考現學的成果報告，而更多是對於當代街頭生活的游擊、肉搏景觀中體會到現代都市失去活力的癥結所在，而想要從中反芻出有利於未來可持續的微都市介入計略與行動吧！

推薦序——

姜樂靜｜姜樂靜建築師事務所主持人

曾走過開發或未開發中國家的街道，
台灣邁向所謂的文明進步也百來年；
情理法三者的順序竟是可愛又可惡，
公共場所充斥著違法但合情的佔領。

違章我沒有好與壞或美與醜的成見，
像是草圖紙上勾勒線條與未修邊幅；
不確定性但其實是生活直率的反應，
顯露的物件與展現的欲望生機蓬勃。

特色騎樓在地面層退廊雨天供通行，
擺放物品甚至停車宣示土地的權屬；
攤販集結考量低收入與失業的弱勢，
警務執行溫情的放任而曖昧的存在。

【那些自主構造與即將消逝的美】

國民政府大軍來台臨時搭的高腳屋，
部隊何時才要反攻對岸大家不知道；
公有地機關學校圍牆邊河川上安置，
捆搭帆布傘架帳篷由暫居變成窩身。

騎樓外推與素人違章該清理或繼續放任？
流動攤商與街頭藝人證照化有比較好嗎？
各縣市長拿不定主意也不想去碰那一條，
路人鄰居里長誰說了才算數敏感的界線。

讀這本韋翔的圖畫書秒懂台灣的人情味，
地方創生社群集結從電線桿的四周蔓延；
模糊的公私領域像草圖線條與書法飛白，
推土機都更翻轉法理情抹滅昔日的美好。

這是一段持續進行的過程…

　　也因此，取代一般書籍在開端置放的前言，以工作日誌作為起始，作為田調工作的日常紀錄。對我而言，這是一部未完成，且持續進行的行動。「非常普通田野計畫」一書也不單只是一份觀察記錄報告，亦是集結多樣面向、論述以及圖繪、文字再現的分析與研究調查。

　　2016 年 8 月，甫取得學位的當下，即返抵國門，並回到熟悉的城市以及工作崗位上。經過一段時間，頓然發現過去幾年在國外的學習路程，雖然苦澀，卻啟發我對於都市的另類觀察角度與建築思維。為了延續在挪威的另類建築專業養成，亦是為了理想的追求及思維上的更加成熟，找了好友李昤，一起跳入這似乎深不見底的都市調研新境界，開啟對於都市場域的真切經驗與深究，由田野調查衍生行動實踐，作為在場的任何一切行動（拍照、觸碰、觀看 ... 等）即為對於觀察對象的直觀反應（reaction），進而透過文字與圖像的本質性梳理與再現，漸而顯影都市永續中的多樣日常實踐。藉國家文化藝術基金會委員在結案審查意見中所述：這是一部集結「菁英知識、大眾生活文化、物件環境」，三者之間交錯的新領域，希冀這樣的書寫，除了融合考現田野調查以及微觀都市理論之外，亦能夠帶給大家對於所處的都市環境，產生另類的日常感知。

　　本書分為三個部分，初步的透過概念剖析及導論以輪廓整個田野計畫的本質：非常 - 常態 (the un-common ordinary); 再以都市尺度作為切入點，交叉申論非常 - 常態及裝配概念 (assemblage); 最後延續物件裝配思維，以更為生活意境的方式書寫。希冀透過這樣三個階段的顯影抒論，能夠由小尺度漸漸拉展至都市尺度的範疇，再回顧微型尺度中物件、環境、使用者…等，多維度且複雜交織的人文地景。

在書冊的一開始，以＜非常普通文化＞一文，藉不同哲學及都市觀點層層輪廓「非常—常態」之概念，並以「物件」及「環境」作為觀測軸度，透過日常生活地理學、開放形式理論、敘事空間及不同的論述觀點 ... 等，反覆辯證「非常—常態」在人文、地理、環境、物件於日常生活中的「混雜」，並以現代性都市為背景，企圖輪廓非常—常態的三元性以及敘事性並置下的交互作用，並導出第二篇章＜都市地景重塑＞，藉裝配概念為基底，複寫日常生活中的物件常態，透過真實世界予以抒論人—非人物件、自然—人工 ... 等物質化元素的交互作用，爾後以社會技略的初探作為總結，藉以探討微觀都市思維下的游擊空間戰略，以回應第一部文章中援引德塞圖所提出的策略／戰略之日常實踐，將本計畫由概念書寫轉向實質行動的可行性探討。

前兩篇論述以 15 則田野調查對象協助論述的顯影與呼應，最後再以李舲的＜城中的溝通語言／符號＞一文：以物件—文字轉化物件—環境的描繪以及建築思維中「點、線、面」的轉譯再現，顯影非常—常態中的物質性如何透過使用者的生活直接實踐操作出來，並藉以現象學為基底，透過文字—圖像，將其本質淬鍊出來。進而回到建築及街道尺度，以生活意境的書寫質地深化觀察與描摹這些看似平常卻為混雜的都市地景，一層又一層地梳理非常普通文化中的概念性觀點。

最後，除了感謝國家文化藝術基金會的計畫贊助及賴人碩建築師在田野工作營期間的莫大的幫忙，使得我們從計畫開始一路以來，都能順順利利的進行。當然要感謝的人實在太多了，得鄭重感謝幾位師長及學生的協助：東海建築的吳政諺及余孟璇、成大建築的林亜妘，他們三位是在計畫一開始就投入協助的重要成員，也接力在後續的編輯與繪製，給予李舲和我在執行上的實質協力。再來就是交大建研所凌天老師及陳品竹博士，除了在工作營期間，給予學員們不同角度的啟發之外，也協助我們在田野工作及研究分析上的指導。

非常普通文化
日常生活場域的顯與現

The Form of Invisible -
the uncommon ordinary in Taiwan

計畫主持人　曾韋翔
計畫研究員　李　舲
計畫編輯群　吳政諺
　　　　　　余孟璇
　　　　　　林亜妏
　　　　　　馮琴雯

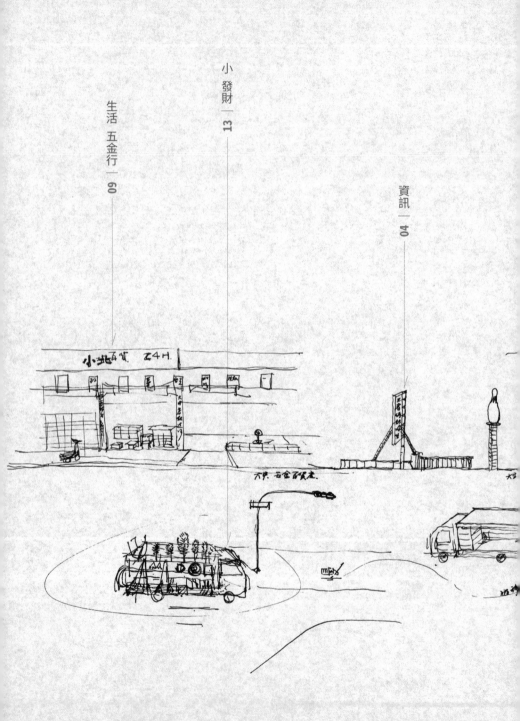

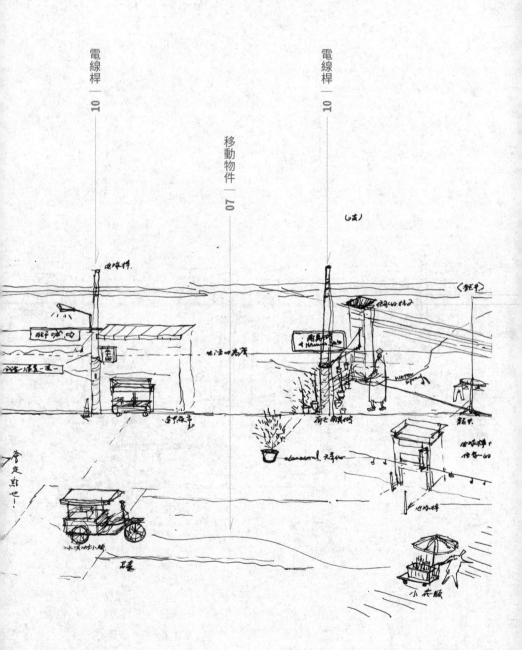

電線桿 ─ 10

電線桿 ─ 10

移動物件 ─ 07

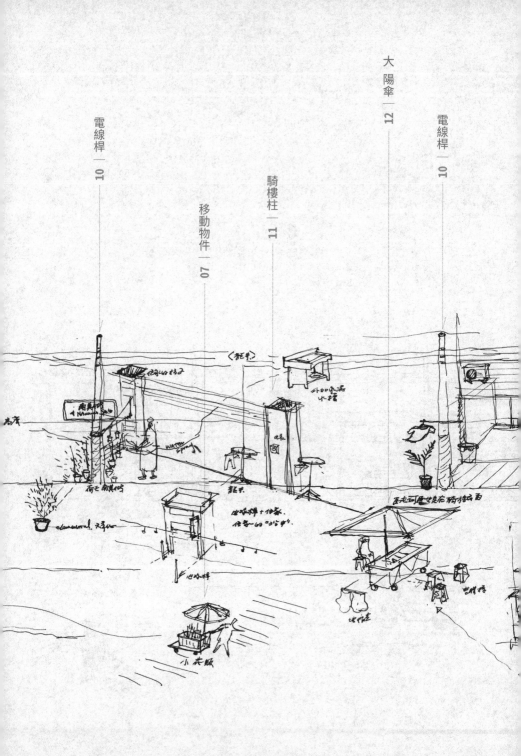

電線桿 ｜ 10

大陽傘 ｜ 12

電線桿 ｜ 10

移動物件 ｜ 07

騎樓柱 ｜ 11

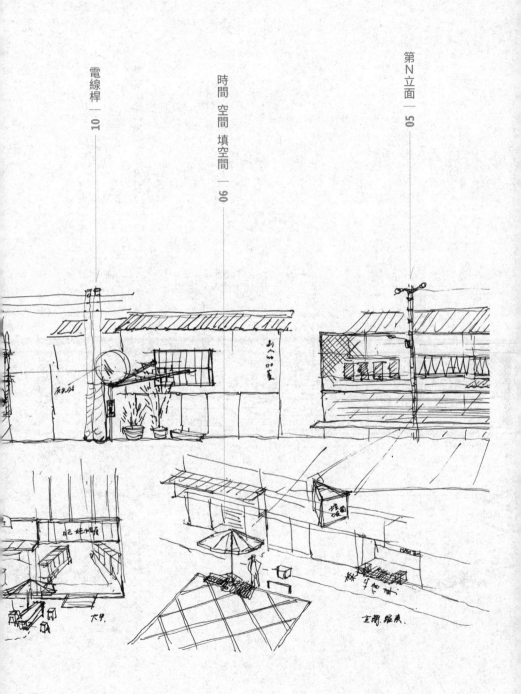

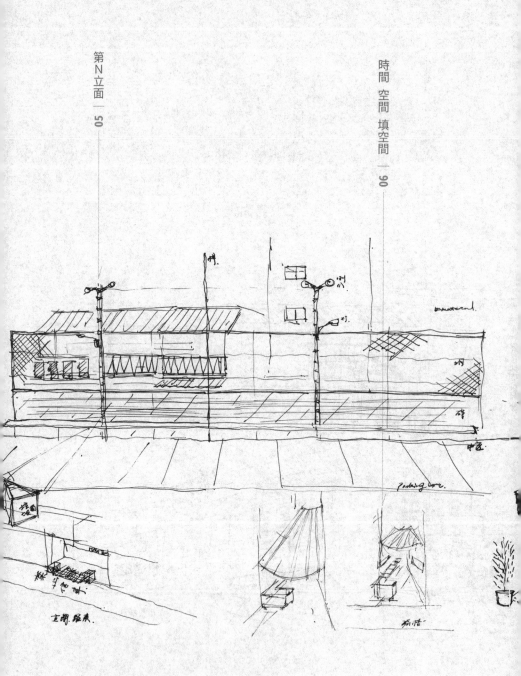

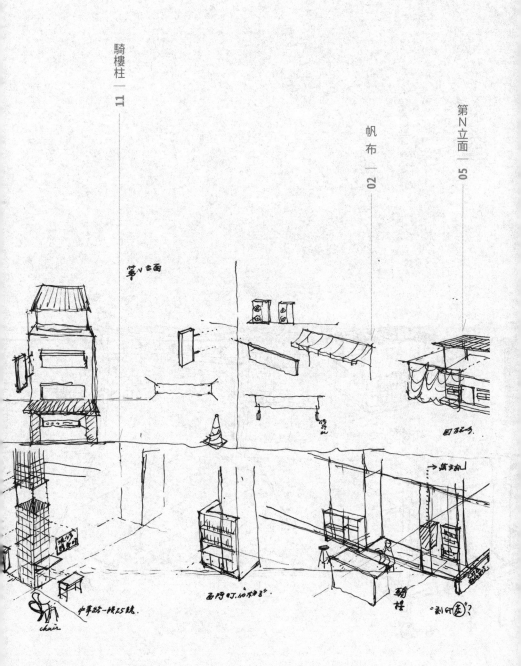

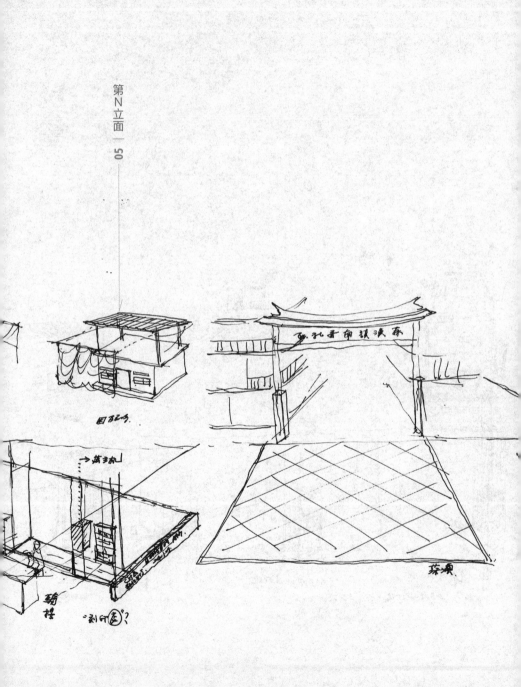

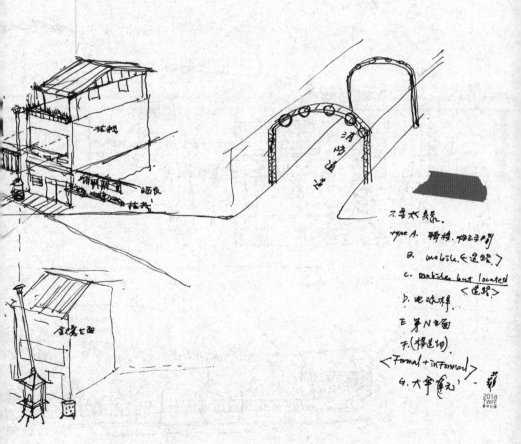

不要太多系.
type A. 骑楼. 帷子与P列
B. mobile. (选择)
C. mobile but located
〈选择〉
D. 电改样
E. 第N立面
F.(精选物)
〈Formal + informal〉
G. 大牵单元.

2018
TWFE
台中后厦

是否在此 談論公共地。?
可或者 該論 公共地 怎可 进去?

另一問題是. Daily practice. 這件事.

1) 為何 到目前為止. 紀錄的大部份.
可能：兩夢"空間"?

2) 活中的問題是.

⤷ ① 公共地 / 屋到各消的公共地

② 是 "消失了".

③ 还是 "本来就没有"

④ 还是 消夢地了.?

3) 因此.

(街道)

⤷ 不再"公共

4) ↓

next step
recall the public-ing ?
(再度公共地)

? 遠程的持?

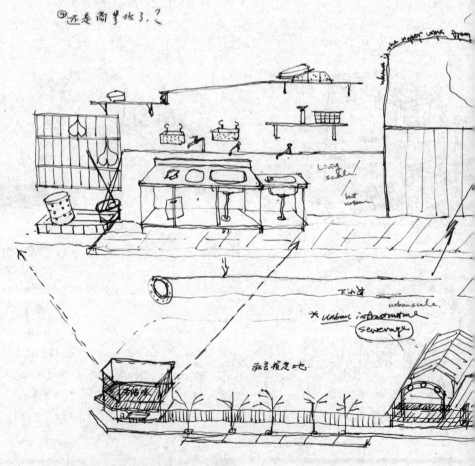

Living
scale!

hit
urban

where is the upper urban from

下水道

urban scale.

※ urban infrastructure

sewerage

社区核定地.

reclaim the publicity

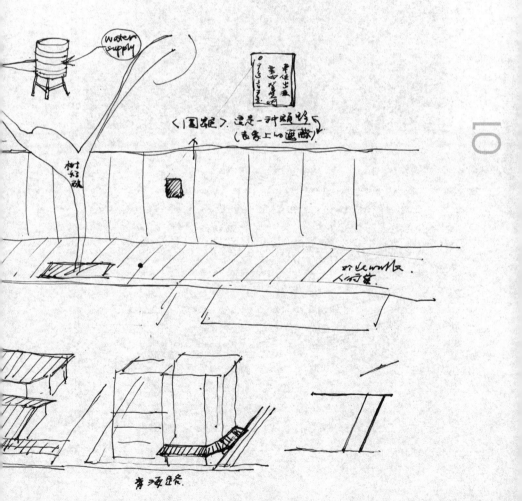

water supply

車住出來
高雄堂時

〈圖框〉. 這是一种题核
(意象上的遮蔽).

樹好硬

sidewalk.
人行道.

青海住宅.

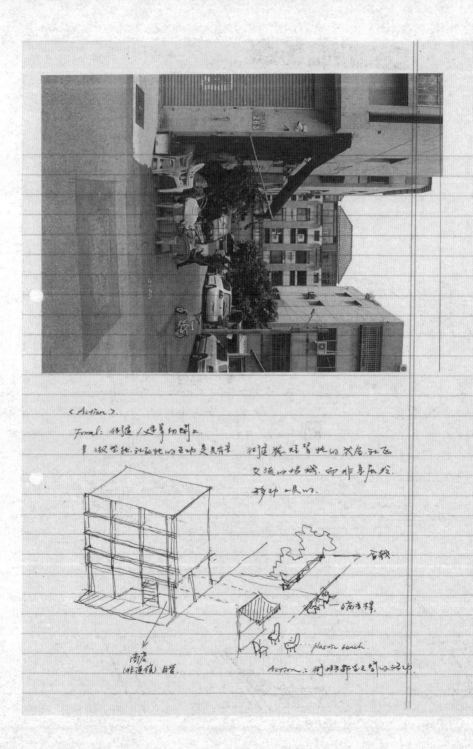

工作日誌圖例另詳 02-01

< Action >.

Formal: 街道 / 建築物裡上.

身份社地、社群地的互動是具有其 街道是共有習性的場所. 社交
交流的場域. 而非具屬於
移動之長瓜.

商店
(非連鎖) 日營.

合我
自高古採.
plastic bench.
Action: 街坊部落互動 以建為.

Action. 挖掘发掘中的"有序"之   "夏地的·被定的 (becoming).

1. the expansion of indoor space. → the flexible 弹性的·膜壳·延伸空间

2. 承1. 因居不同活动、不同气候. .... 等. 真实的·博取·行动. 非刮式的 不是的 状态.

3. 因此, 我们可以 好享测. 所谓, 使用空间. 一個基於 中介. 對話都不居之流的·
   稜角·三元紀之里的·行动. 1日事·行动. → unconsmum ordinary.

〈嫁接·形结.〉 主体·非是 static, 非二元性的.

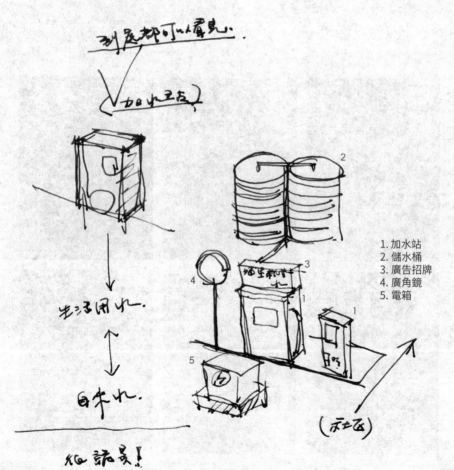

1. 加水站
2. 儲水桶
3. 廣告招牌
4. 廣角鏡
5. 電箱

加「水」站

水資源議題 以作為也敢封面

水本應是生活中必須且唾手可得之。在台灣，可飲用的水不是自來水，而需提著水桶/開車騎摩托車/加水站/加水槍/注水…等，每日取水標準流程。

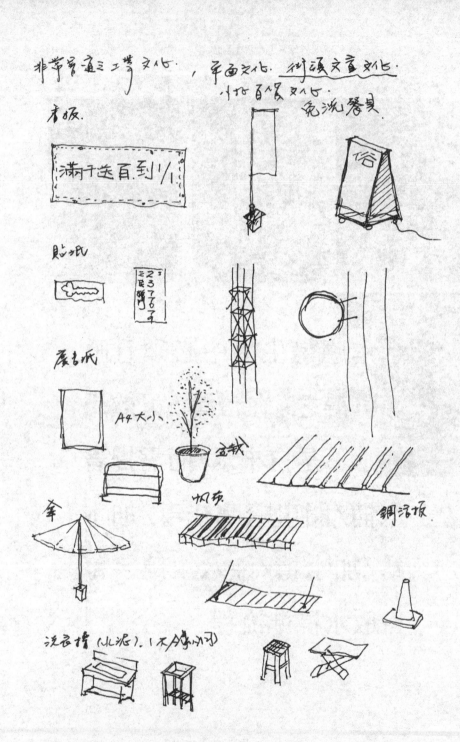

工作日誌圖例，另詳 04-02

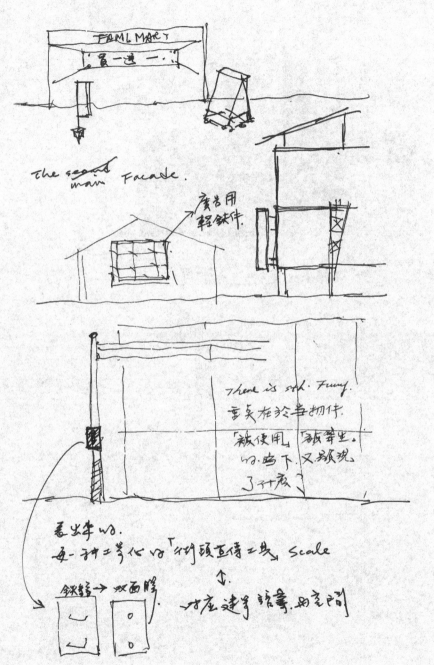

FAMI MART

買一送一

the second
main Facade.

廣告用
輕鐵件.

There is sth. Funy.
重點在於半物件.
「被使用」「被寄生.
的. 當下. 又頻繁.
了千麼?

表出車 w/.
更一種工業化 w/「街頭宣傳工具」 Scale
↑
甘應建等語彙.的空間

鐵管→雙面膠

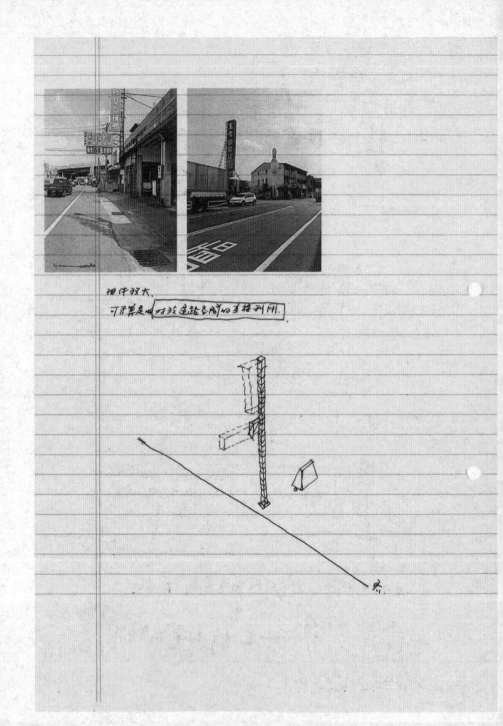

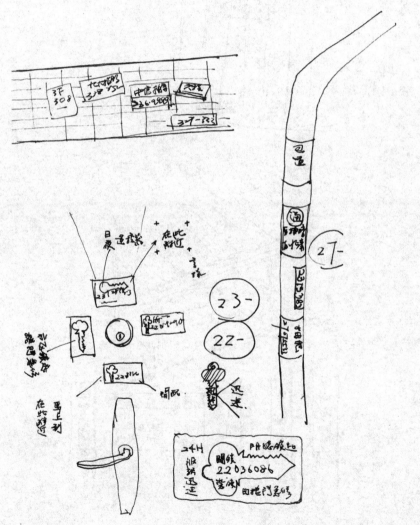

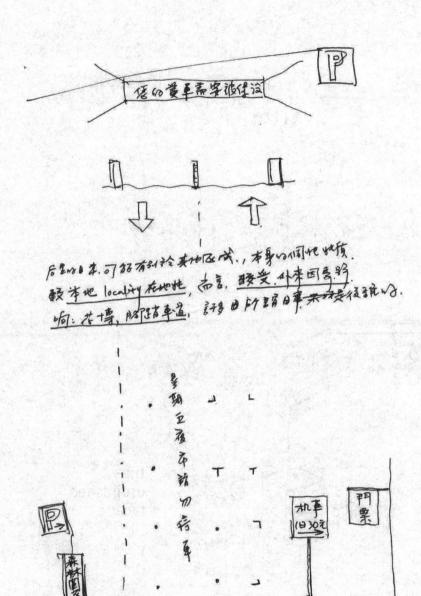

您的黃車高空讓建议

后到的日本.可能有刻於其地区域.、本身的個性性質.
较本地 locality 在地性, 而言, 接受 外来困意将
响: 苍 + 壽, 腳踏車車道, 许多由此引發日事 未来是很强也

04

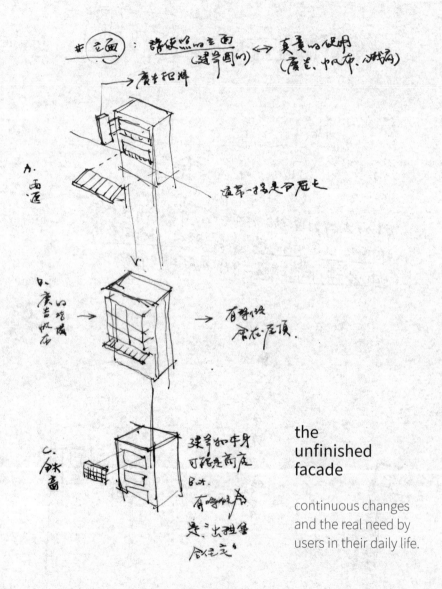

the unfinished facade

continuous changes and the real need by users in their daily life.

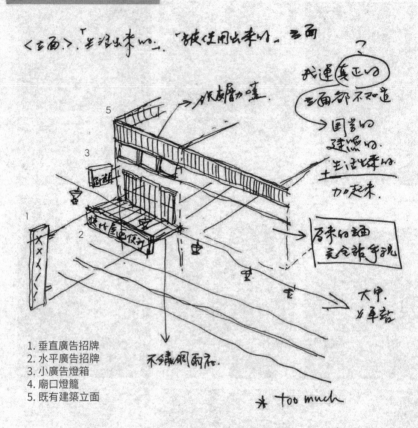

1. 垂直廣告招牌
2. 水平廣告招牌
3. 小廣告燈箱
4. 廟口燈籠
5. 既有建築立面

* too much

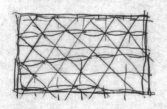
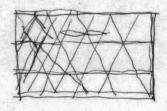

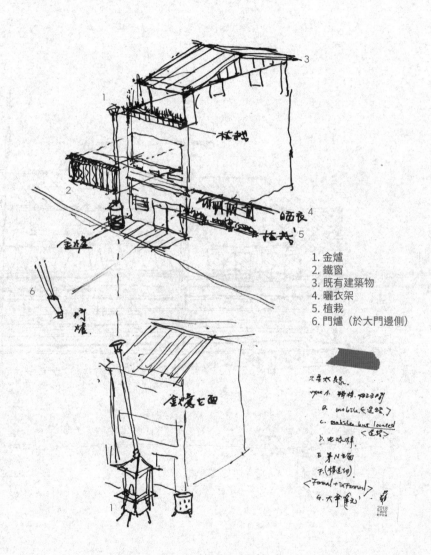

1. 金爐
2. 鐵窗
3. 既有建築物
4. 曬衣架
5. 植栽
6. 門爐（於大門邊側）

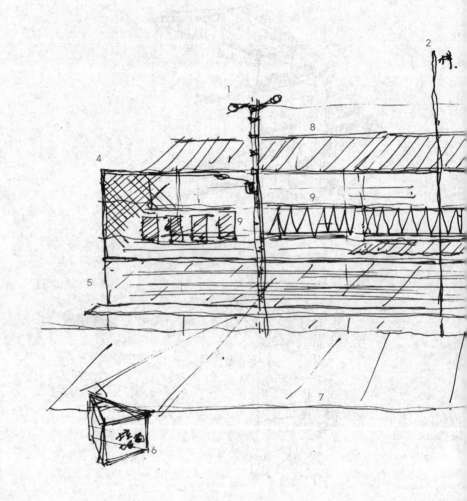

1. 管桁架
2. 旗桿
3. 大燈、擴音喇叭
4. 網牆
5. 磚牆
6. 三角形垃圾桶
7. 停車場
8. 後方鄰房
9. 鄰房欄杆、物件

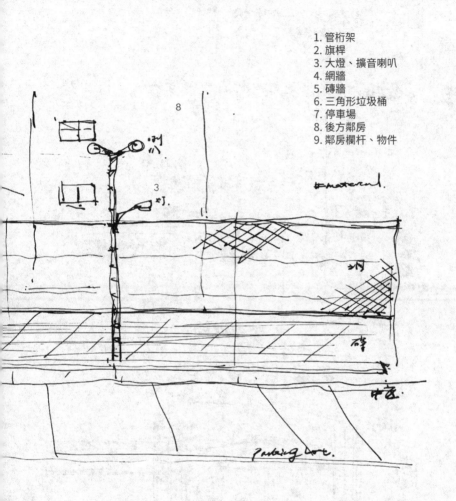

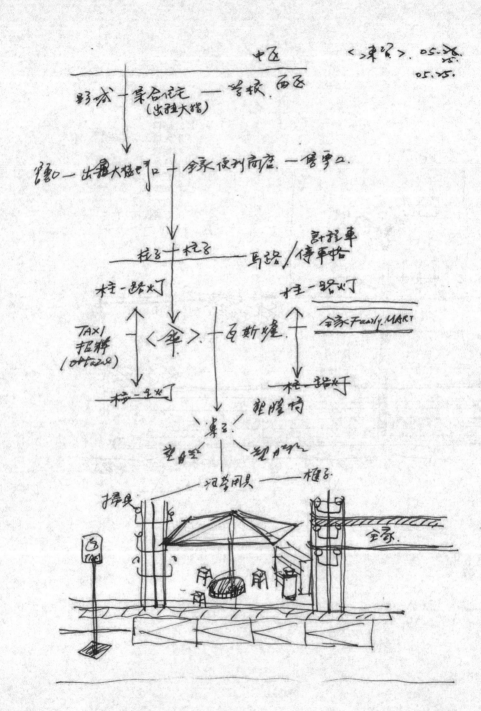

The scenone of outskirt in Taichy

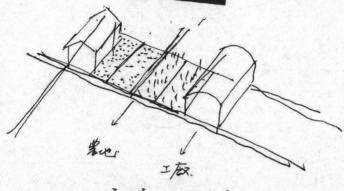

農地.   工廠.

等不等 一种 混好走?

* 話好地. 可. 移动地. 绘动讯.

|外圍. 令尼工廠. 撮梅. 层此吟

外圍互城

10805.8.

1. 這樣的討論是否. 合導回
   公契姓., 街面. 似項此绿.
   ?
   └─ maybe it is the.
      main point.

2. 回避私器. 把生活呢菜:

3. 訂 work shop 題井

4. 回吁目身生活同道

過程、process.

以身体為尺的行動。在場.調查

沉鏡.混雜.生活.

FILLGAP

1. 閱玲工業化產品、對於生活的好的向
2. 閱玲 立面. 對等圖紙上的立面. 並非其意的完成面
　大甲
　　└ 而是「真正被使用出来」的立面)
　　(被生活 ... 有趣. 表情.

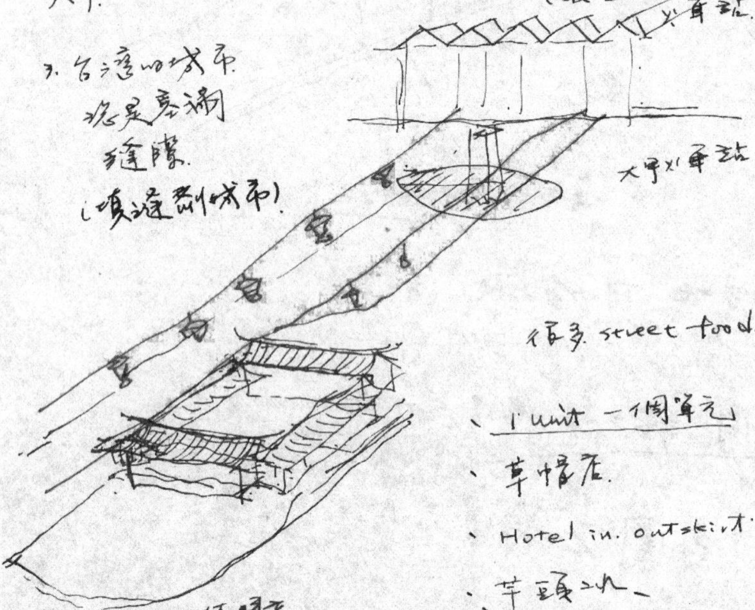

3. 台灣的城市
　巷是壅滯
　　縫隙
　(填遠剖城市)

大甲火車站.

很多. street food.

- 1 unit 一個單元
- 草悟店.
- Hotel in. outskirt
- 芋頭冰.

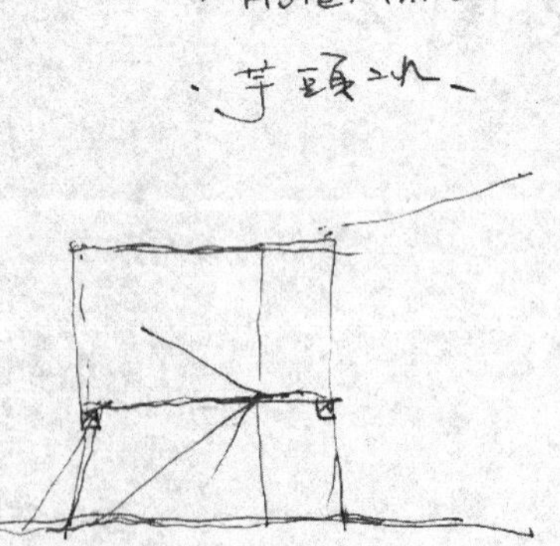

大甲鎮瀾宮.

4. How to respere the publication in Taiwan.
台灣的公共性

5. 沒有公園在鄉村
　(釋註)

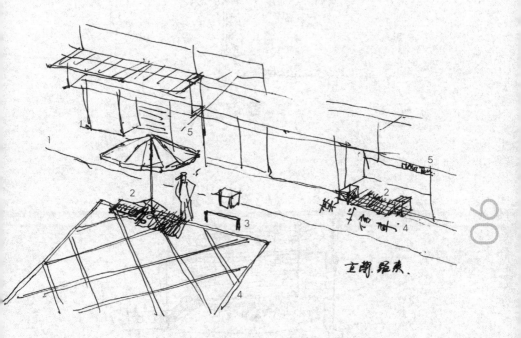

宜蘭. 羅東.

1. 道路邊界
2. 晨間菜攤
3. 拒馬
4. 道路淨空線、標線
5. 午後營業之店家

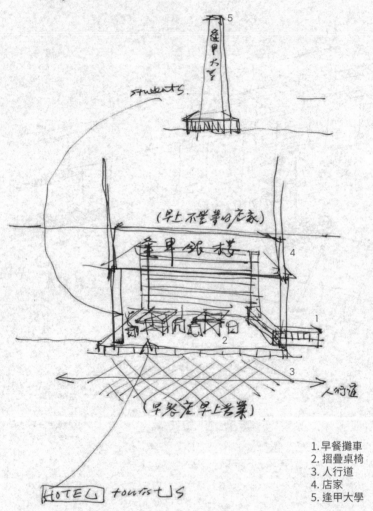

時間、使用的族群、行為.

5

逢甲大學

students

(早上不營業的店家)

逢甲銀樓

4

1

2

3

人行道

(早餐在早上營業)

HOTEL tourists

1. 早餐攤車
2. 摺疊桌椅
3. 人行道
4. 店家
5. 逢甲大學

LOOK I SEE

〈以重用钱调查的方式〉

↳ 纵向：第1个用用钱调查计将接来

↳ 纵向：生活、工作迥遇的事物.

↳ 横向：同型一切"熟悉"的元喃. 地理.

Look / see. different

LOOK

2019. 05. 28.

生活迥遇 这件事 很有趣.

每一个人（习俗）, 跟他信仰规矩等

↓

娱一个问题

人流有不同

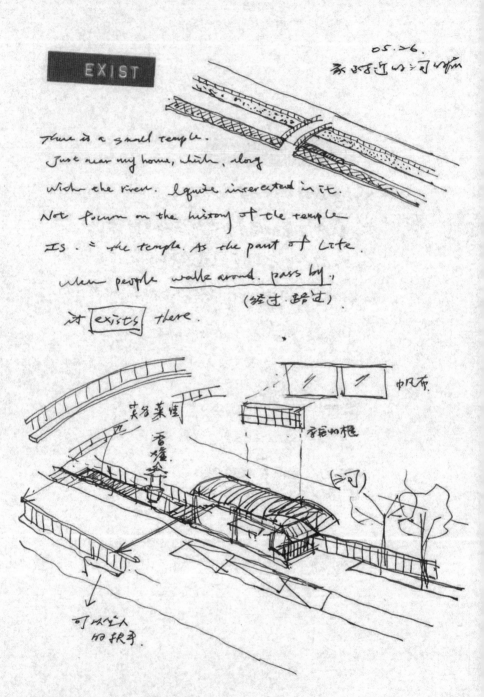

EXIST

05.26.
家附近以可以為

There is a small temple.
Just near my home, which, along
with the river. I quite interested in it.
Not focus on the history of the temple
IS . = the temple. As the part of Life.
when people walk around. pass by.,
(經過. 路过)

it exists there.

失名菜道

香燈公

帆布

安宿加框

[河]

可以坐人
的找手.

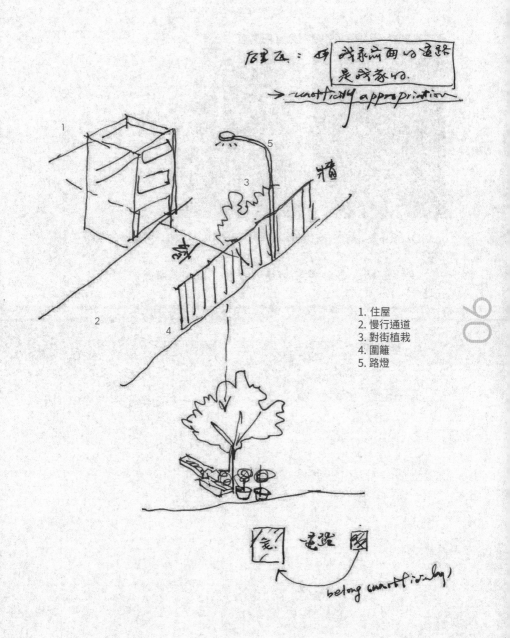

居民: → 我家前面的道路
是我家的.
→ unofficially appropriation

1. 住屋
2. 慢行通道
3. 對街植栽
4. 圍籬
5. 路燈

家? 道路

belong unartificially)

※ 定营业的.

長時間营业的 (time based)

商业.?

↑

校区. 辦公区. 生活区.

此 類早餐店 形式. 利用 固定型商家未開店前. (10:00 或 11:30 之前).

門店生態學的. 非固定(搭棚式搭造上) 的 販售模式.

<A>. 小吃店 (11:30~15:00) + 早餐店. <A店待别>

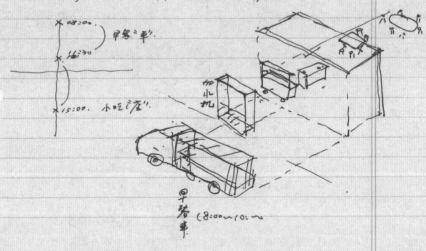

※ 08:00   早餐 "車".

※ 11:30

※ 15:00. 小吃 "店".

早餐 車 (8:00~10:00~)

切水机

0510店售.

1. 花塘 平面 尺寸. 選擇及

2. parking. 停車空間

3. 一次性. 奇主性的方向

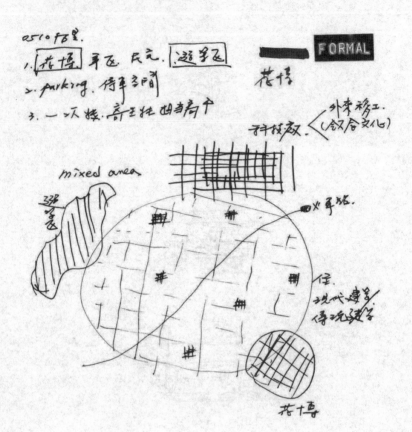

外來移工.
(混合文化)
科技感
mixed area
火車站.
住
現代建築
傳統建築

花塘

FORMAL
花塘

< 一次性 >

① 短期敘述的及空間規劃. 長期性的空間
weird place with a lot of café ：

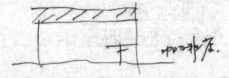

咖啡排店.

② 短期性的空間: parking space.

后里區

早餐賣食品
生上海東

08

有某碳望里时隙笔

非铝切路线·

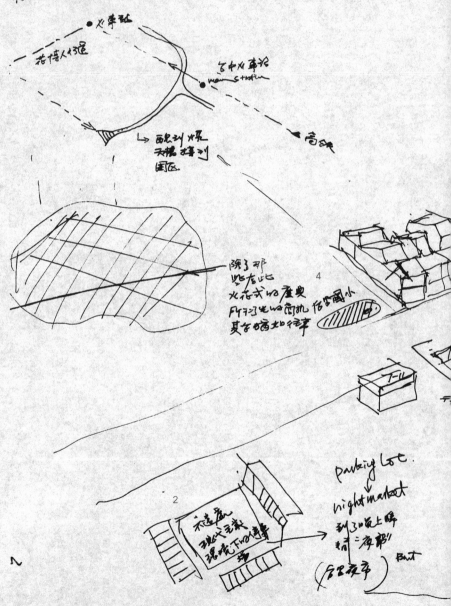

●火車站

若博人行道

台中火車站
main station

高速

→ 配置火景
天橋接到
国区

院子那
些左此
火花式的產奧
所引光的商机 在台國小
莫名的商地行亭

4

7-11

parking lot.
night market
到了以是上瞬
诗二夜部
(合凰夜市)   But

不遠處
現几是蔽
現充下切造亭
場

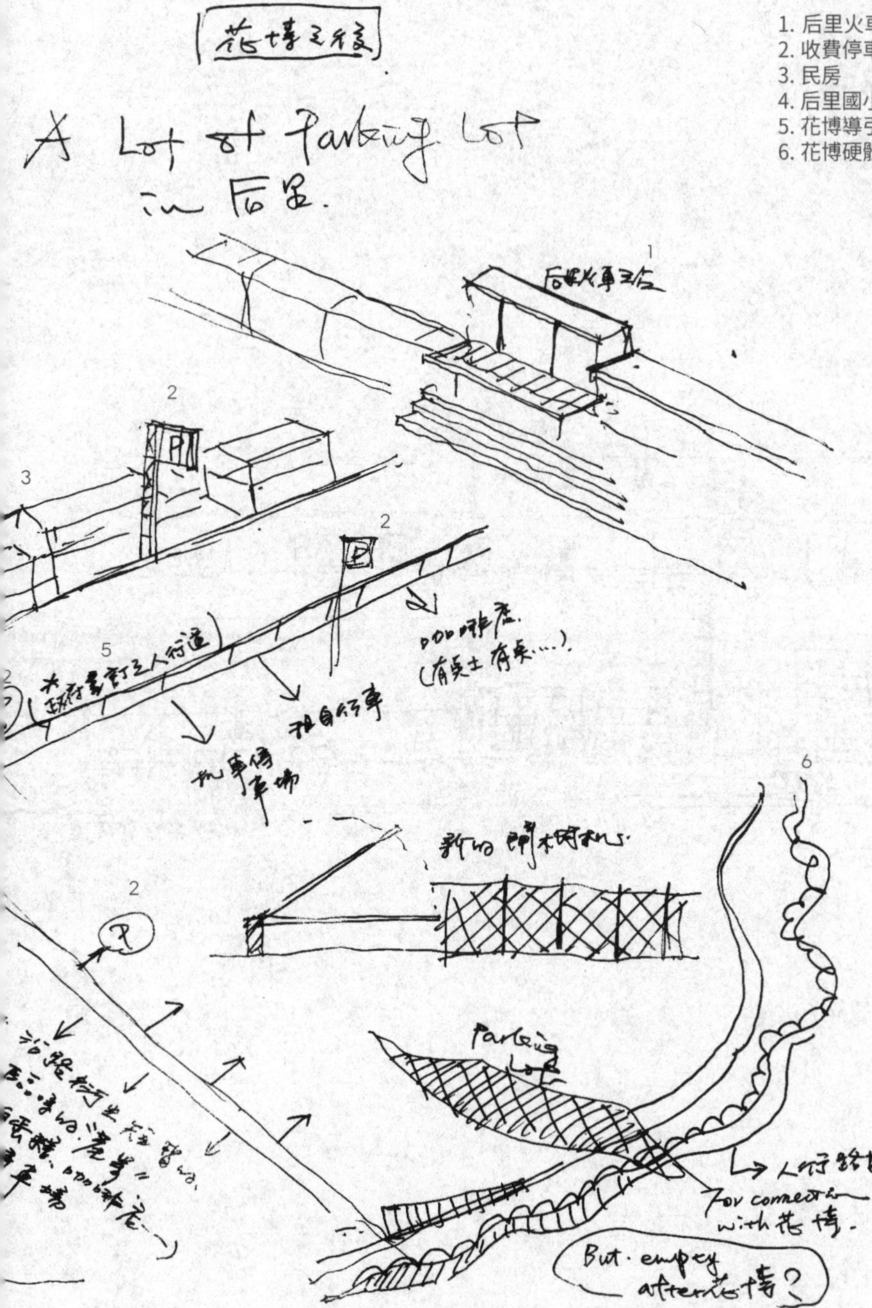

花博之亂後

A Lot of Parking Lot in 后里.

1. 后里火車站
2. 收費停車場
3. 民房
4. 后里國小
5. 花博導引標線
6. 花博硬體空間

后里火車站

新的 開木博物

Parking Lot

人行路橋
For connection
with 花博.

But empty
after 花博?

08

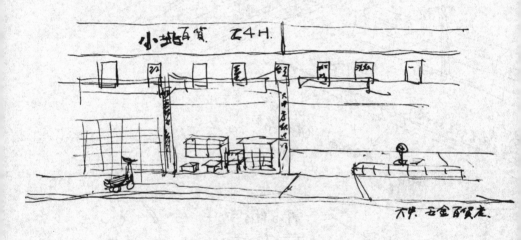

小北百貨. 24H.

大央. 五金百貨店.

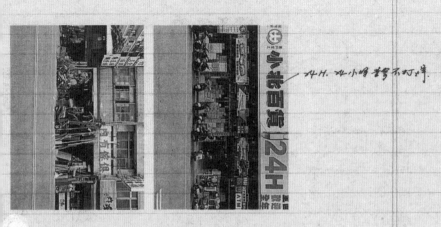

24H. 水小峰...不打烊.

<生活五金>

24H 生活五金行

<DIY. to. Do it yourself.>

以快速、經濟、便利的工業
生產製品，扁平化可能是繁
複的、瑣碎的、厚實的日常
生活。

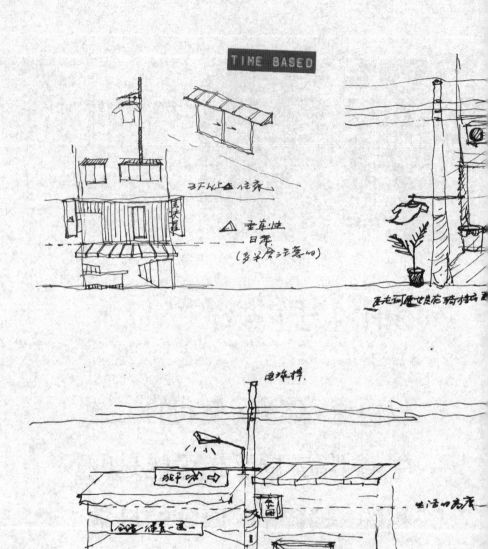

電線桿＝廣告固定物件

電線桿＝曬衣架　　　　　　　　　　　　　　　電線桿＝花架

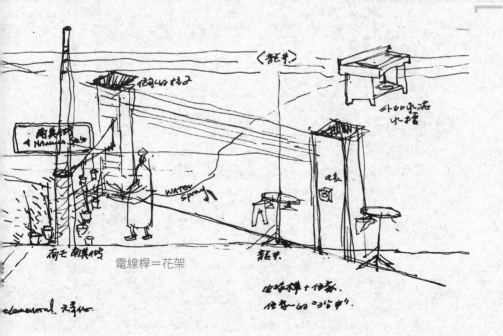

電線桿＝花架

#電線桿.

#街道 →

#住家前. → #騎樓.

#該直接生活出來的.

非刻意做的. ?

而是直接時浮現底.

生活中的物件.

在場使用.

電線桿. 似乎是日常生活街道路旁. 常見的元素.

Formal: 直立設置的電線桿. while 上面有 工作人員爬梯

插孔.

inFormal: 藉由插孔. 可攀爬. 將電線桿. 上/下. 的真生活之意、

兩家使. 者關係.

action:

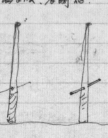

街道旁.

A - B.

※ 所在論的事. 主要在於 一 official no. 與 informal. no 接合.

就是可能在於. informal. no切入. 如何 adaptive into formal situation

→ 深了How?. 發於一種. 過程. 以 想像.

未來發切.

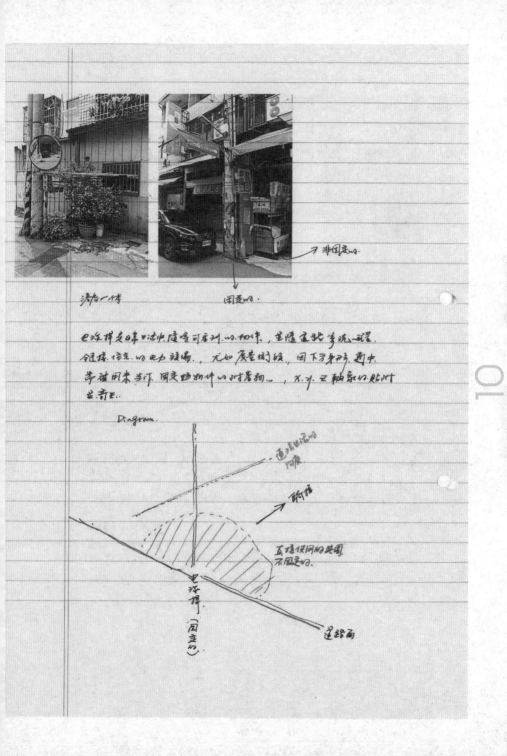

非固定的.

活动1体　　　　固定的.

电线杆是日車以洗水庵等可定到 w. 和件，並隨直於多流...
鎖徒.信念. w 电力蔽倆.，尤如房意倒後，固下力車移 剧大
等诸用未当作 固定 四物件 w 到崇物...，x, y, z 轴象的 贴 w 件
並奇出.

Diagram.

逢插电线的间隙

騎樓

互接锁间的范围
不固定的.

电线杆
(固定的)

道路面

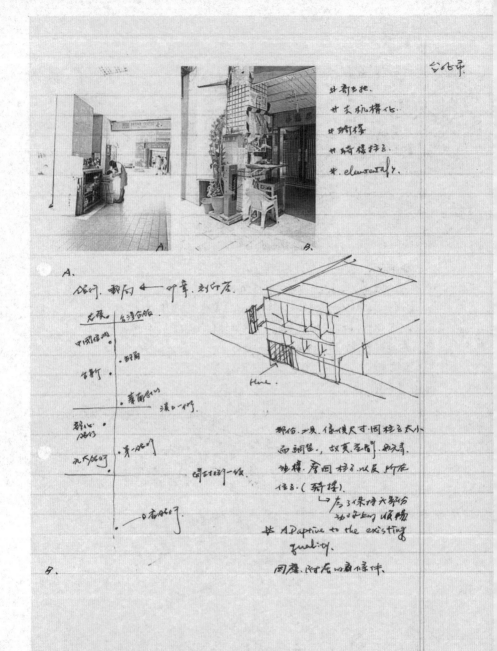

台北市

※ 割去把.
※ 去机構化.
※ 增修
※ 保存柱子.
※ elementary?

A

A.

Here.

※ ADaptive to the existing quality.

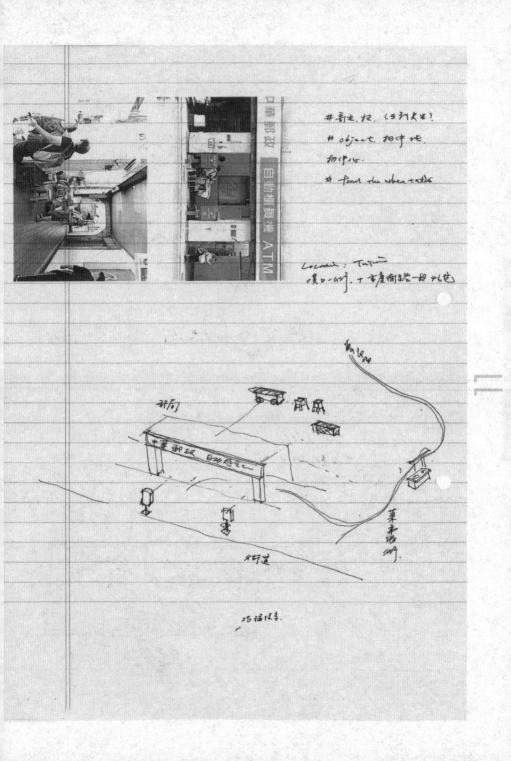

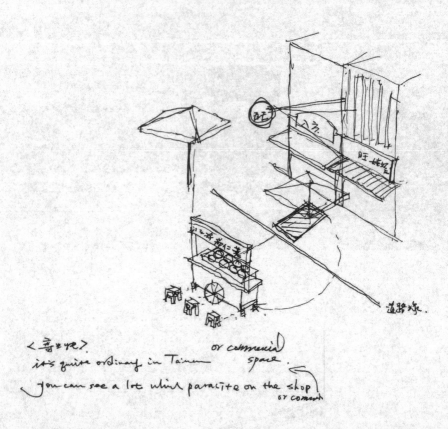

道路線.

< 寄生 >

it's quite ordinary in Tainan   or commercial space.

you can see a lot which paracite on the shop
or comment

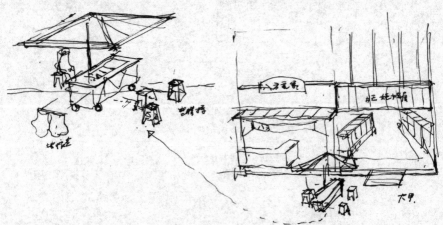

#livedstandard

50/60/65/70/80/90 吋

是擺攤用大陽傘的標準工業
化尺寸。收放間，快速界定
領域，裝載活動。

展示. tire base.

unfinished.

schng

bassiness.
(buiding).

water
machine

* important.
: traditional
noodle shop.
only woke from 10:30 - 14:00.
hot. open at night.

But in the morning
there is a breakfast
Ear coming

All For
the bassiness buidy

道路 紅線

小警財早茶車

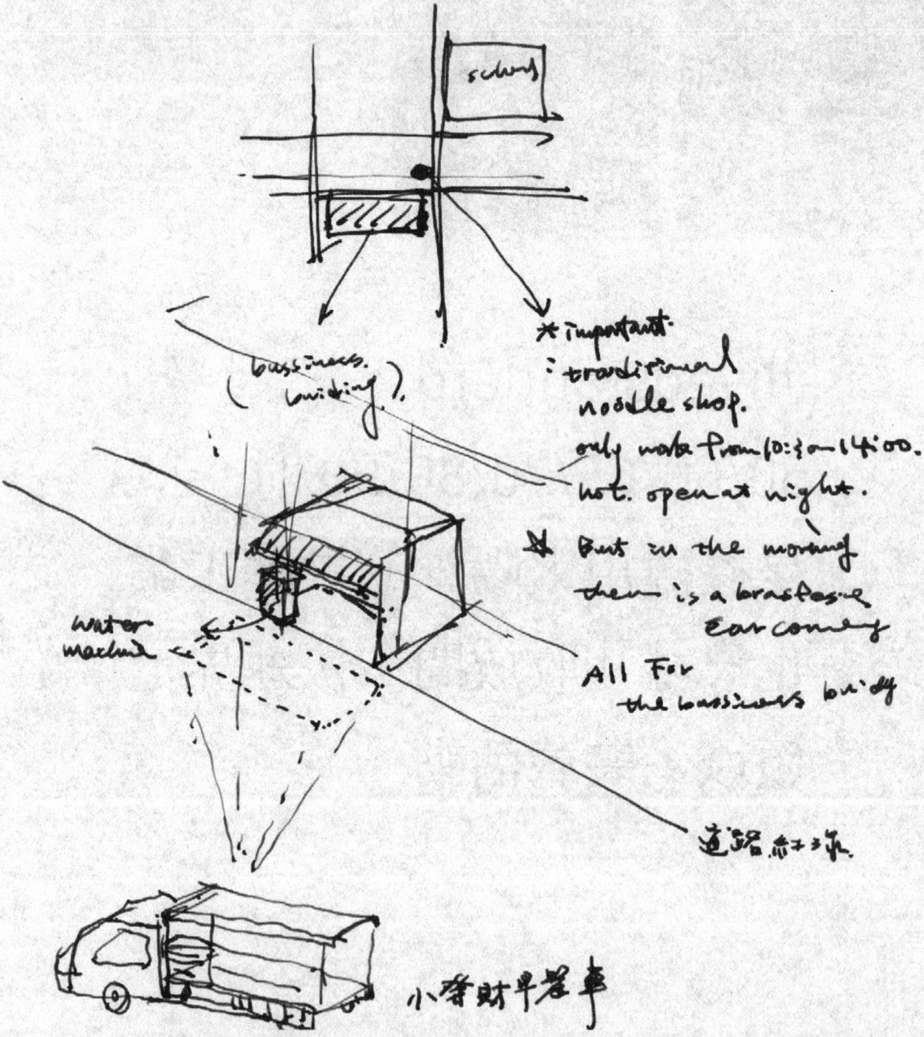

＜小尺度. 單元. 模矩好日式 模式＞　# 小常時好百貨金銅.

小常好.
有洋装. 195×270.

似可架接 到店 it seems that could be
Tweet into myran

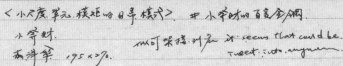

195 (×275)

洋 水.
(×275) 舂力內
屏戶
構子
不錦
銅

菅

150. plug into. 4米5寬好店面. 碎捻. 塔边.

×32.

＜plug in＞ 插休式.

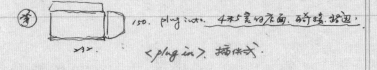

the aim to BWA.

聆 聲聲到 For what

look into the site

not just seeing.

便利商店

工作日誌圖例，另詳 14-01

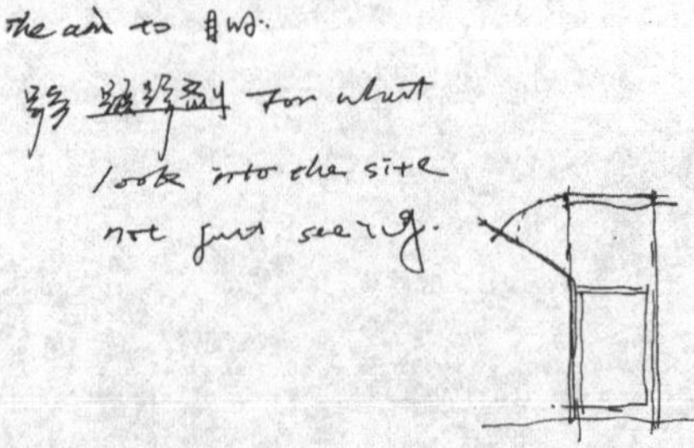

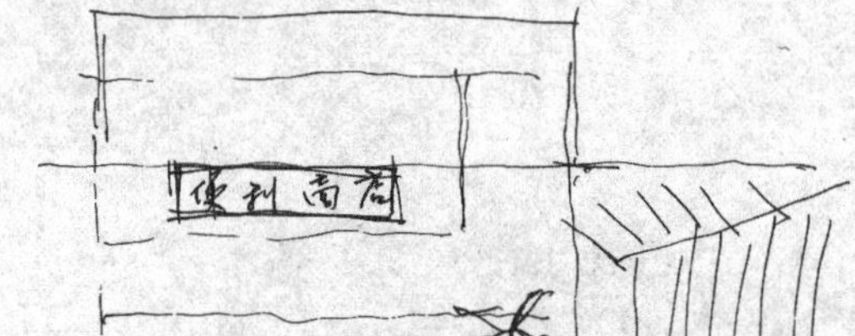

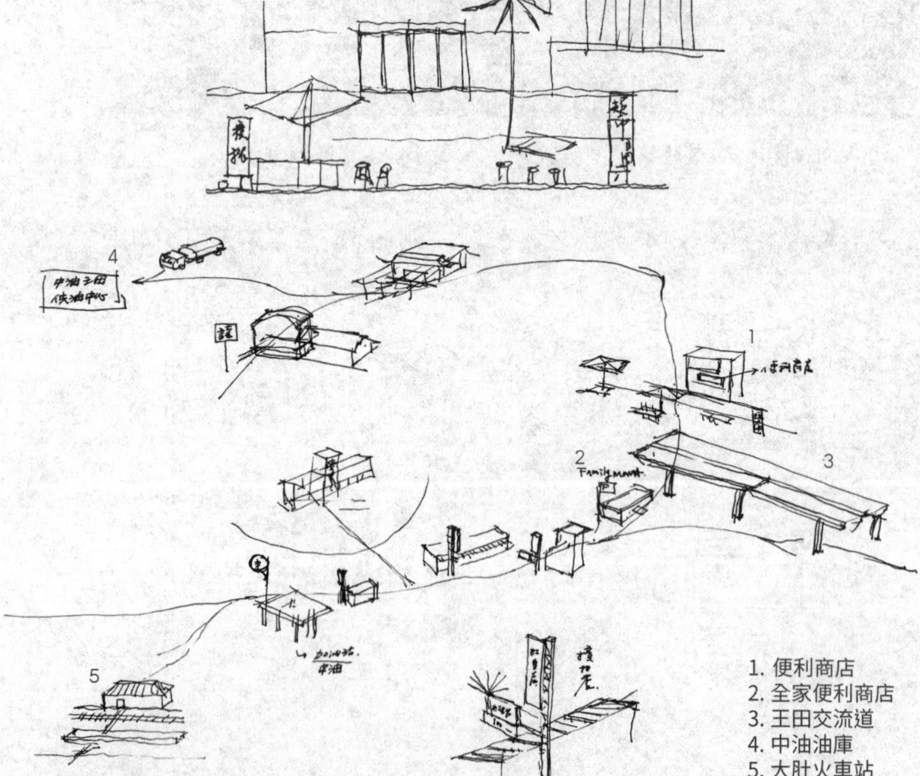

1. 便利商店
2. 全家便利商店
3. 王田交流道
4. 中油油庫
5. 大肚火車站

右边是個超市如不遠處
有一連鎖的.!.

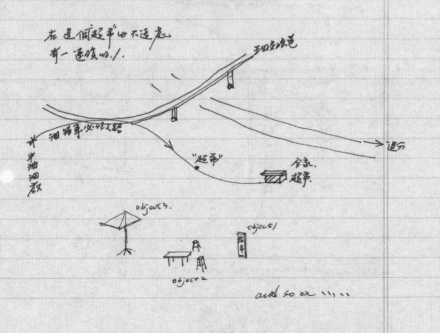

玉田超級市邑

油弱車必经之路

半油油戏

"超市"

今家
超市

遠方

object 3.

object 1

object 2

and so on ......

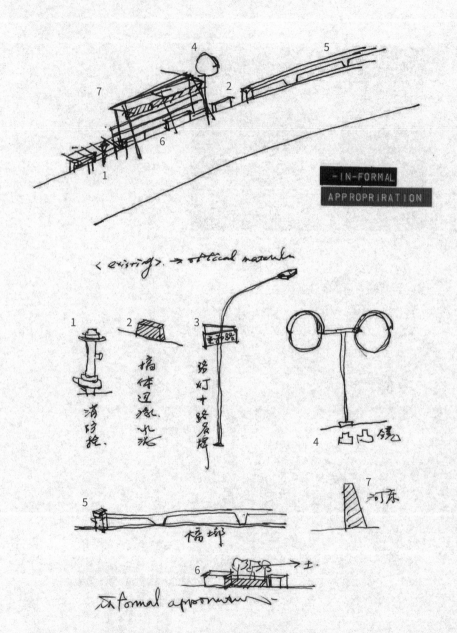

‑IN-FORMAL
APPROPRIRATION

< existing >. → optical materials

1 清防栓.

2 墻体逆建水泥

3 路灯十路居牌

4 凸凹鏡

5 橋墩

6 informal approrimum → 土.

7 河床

in formal approrimum

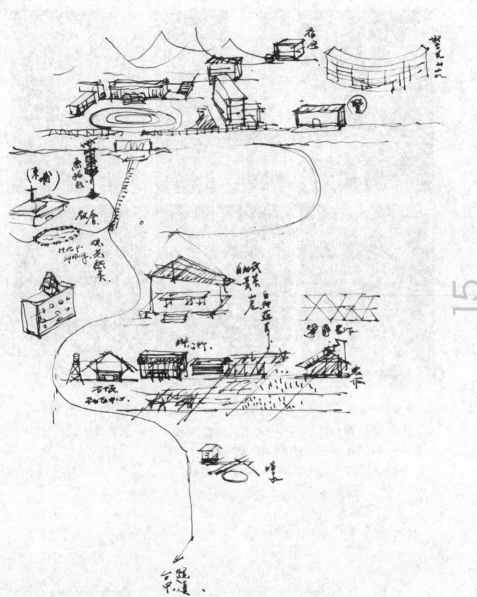

* 本案之所以停. 因住處罗罗華人稠密貴区 的. 新先三越商圈.   #自构著.
  過度建物 漸漸 以家元之業取代 老舊.坊坊., 以尋例. 家符到之區   #自定義.
  在於隨年同定化. 2018年正有装飾店. …   #Time-based.

* 非永久地. 並持爱变化. (形/型变).

        ↳ 因居不同條件之下的 調芝. 而延 治中是自定義形式以3門
             使用

* 可能隨時間 被取. 或拔级.

#temporaryinstallation
#uniquefunction
#sharedfunction

在街道中，常見非永久性的自構
築裝置，挾一奇異的功能／樣態，
但似乎又在公共場域中，形成一
「共有」的可能。

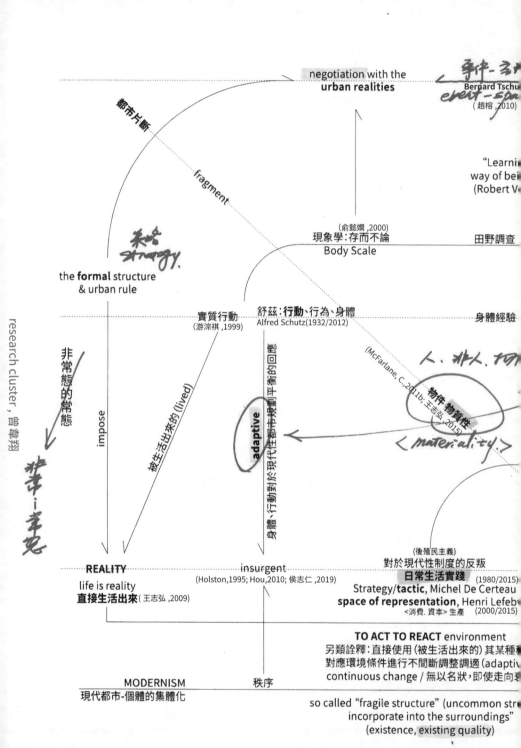

negotiation with the
urban realities

爭件-云片
event-spa
Bernard Tschu
（趙榕,2010）

都市片斷

fragment

"Learni
way of bei
(Robert V

（俞懿嫻,2000）
現象學:存而不論
Body Scale

田野調查

the **formal** structure
& urban rule

朱培
strategy.

舒茲:**行動、行為、身體**
Alfred Schutz(1932/2012)

身體經驗

實質行動
（游淙祺,1999）

研究: 曾幸翔
research cluster,

非常態的常態

impose

被生活出來的 (lived)

(McFarlane, C.,2011b.王志弘

人、非人、物

物件 物質性
志弘
2015)

〈 materiality. 〉

adaptive

身體、行動對於現代性住都市規劃的平衡的回應

非常-非常
（後殖民主義）
對於現代性制度的反叛

REALITY
life is reality
直接生活出來（王志弘,2009）

insurgent
(Holston,1995; Hou,2010; 侯志仁,2019)

日常生活實踐 (1980/2015)
Strategy/**tactic**, Michel De Certeau
space of representation, Henri Lefeb
<消費. 資本> 生產 (2000/2015)

TO ACT TO REACT environment
另類詮釋:直接使用(被生活出來的) 其某種
對應環境條件進行不間斷調整調適 (adapti
continuous change / 無以名狀,即使走向到

MODERNISM
現代都市-個體的集體化

秩序

so called "fragile structure" (uncommon str
incorporate into the surroundings"
(existence, existing quality)

The behavior of **informal** structure
*the behavior of human beings (human life)
*the behavior of natural elements (microclimate)
*the behavior of building as obsessed in their larger
context or environment (surrounding)

**UNCOMMON
ORDINARY**
Three categories are
effectively synthesized.

e existing landscape is a
onary for an architect."
nise Scott Brown, 1968)

机构化非常形成流

Place Ballet
所形構之community-
common practice
(Seamon, David &
Nordin, Christina.,1980)

Body ballet is a set of integrated gesture
*time-space routines.
*regularity of place founded in habit, routine
and supportive physical environment.
(Seamon, David,1980)

→ **Action** with Body

regularity--------unexpected

structure
natural elements
ARCHITECTURE
BEHAVIOROLOGY
,BOW-WOW Atelier
(Tsukamoto Y.,2010)
human beings

游擊式都市策略
tactical/guerrilla urbanism
(Hou J.,2010)

(Nishat Awan&Tatjana
Schneider&Jeremy Till,2011)
Spatial Agency

無以名/明狀

:interation 喜水的

Architecture without Architects

Fragile Construction
,Smiljan Radic
A conversation with Smiljan
Radic by Enrique Walker
(El Croquis #167)

the behavior of the uncanny
structure/architecture

常態的非常態

"if society has no form—how can architects
build its counterform?" , Frampton 1980: 276-77

macro scale
urban scale (Crawford M., Leighton Chase J. and Kaliski J., 2008)

Everyday Urbanism

insurgent
public space
(Holston, J.,1995)

社屬技術 do good for common.
(McFarlane, C.,2011b;王志弘 ,2015)
名權.

the immediate requirement
response to the reality

混雜狀態 hybrid

**public/common
Space
Publicity**

裝配概念 ASSEMBLAGE

the form of invisible
以身體行動直接生活出來 (lived)的日常文化,
微弱卻強(weak strong)的抵抗現代性
臨時性的 fragile(informal)------------uncommon ordinary
某種程度上"以自己的方式" incorporate into環境,但卻又對
Formal的反叛與挑戰,形式公共性的另類可能性
*reactivate public space *rethink the publicity

Oskar Hansen
OPEN FORM 開放型式
環境條件

在一切以先

文/李　舲

『同一個事實可以由多重的方式來表達，而事實本身並不等同於各個表達形式。』
——Robert Sokolowski (2000/2004)
《現象學十四講》

記錄並探討屬日常生活領域的討論聲量，大約以現代主義興起作為劃分，隨後逐步抬頭。從建築空間的角度來解讀，「形隨機能」這句話至今仍如恆動機制（註1）的軸一般，以經濟效用、平均利益的『理性量化』，以及出於個人直接需求的『空間使用戰略』為動力，使這樣的討論不斷的轉動下去。

”programming” 一詞在建築領域中的使用，常為「理解活動本身」爾後定義空間性質及空間的使用方式（空間的使用邏輯）。舉例來說，許多人居住的公寓，三房兩廳的主臥、臥房、客廳、餐廳加上浴室廚房等，即是以『大眾』、『平均』的使用”programmed”而成，並已被定義且命名的空間（註2）。此計畫可說是以 programming 的觀點來講這些日常生活當中習以為常而慣性忽略的街道「物件組合體」。許多的領域都用各自不同的面向，透過文字書寫、繪畫或是物件設計等的方式，提出像是有機城市、誤用論、常民的智慧等等的概念來討論這些生活街道狀態，而我們在這次的計畫，則嘗試著從當代思維脈絡（註3），加上建築空間的語彙來分享及討論這些不斷在進行”programming”的生活空間。也因此在本書中，我們以多面向的方式例如照片的分類組合、建築圖說的再現，以及文字的論述等，以各媒介本身的特性及獨立篇章的方式去討論『同一個主題』。後面將特別提出三個切入點作為本書的前情提要：

照片與照片空間再現

最近正在追蹤 IG 一個專門紀錄路上三角錐的帳號，裡面以頗高的發文頻率給大家看到台灣人創意十足的各種交通錐使用方式，搭配作者的一句話註解，有時候會有錯覺像是這些三角錐也有他們的個人性格一般。常見的除了交通警示之外，工地常會搭配黑黃色的交通錐連桿來防止民眾進入，或是套上幾個輪胎增加重量後，置於鐵捲門外阻止別人停車等等。這些橘紅色的三角錐伴隨在我們的生活環境，然而直到被5x5cm（依使用的手機螢幕大小調整）的照片框選前，又有多少人會去注意到它們？

這個計畫始於幾張照片的討論。照片的內容不外乎是台灣巷弄間，外置的冰箱，外露的管線，衍伸出的半戶外流理臺空間或掛出的儲藏空間等等等。照片不美，從中讀到的空間特性一時半刻除了『有趣』好像也無法說出什麼道理，但卻也不甘心就這樣結束。與此並置的另外一個屬個人的『照片』體會來自於2017年獨自前往印度的基地調查經驗。當時因著總總時空文化背景等因素，照片或是影片幾乎是無差別拍攝，時常也得藏著手機沿路紀錄街道市集生活實況，其畫面通常不是歪一個角度，就是畫質堪憂。但他們又都是『唯一機會』的珍

貴紀錄。囫圇吞棗般累積照片的三個星期之後，回到當時就讀碩士的挪威，幾乎是透過這些照片再重新進行一次基地調查。這樣『隨手的照片』，附上所在位置及一點點描述，並沿用『再讀照片』的方法與經驗，透過分類分組（大量的照片透過分組，其照片所帶有的資訊便會因而顯現出來）、重新框選、剪貼、多重角度的平面、軸測圖繪製等，即是本次田野計畫試圖使用的溝通方式。

　　照片這個媒介一直如同背景元素一般貫串於我們來回的討論之中，但一直到 2019 年暑假期間，配合國藝會計畫進行的非常普通田野計劃工作營，才正式對『照片』這個『行為』做進一步的論述：『照片，從包含時間概念的空間擷取出一個，或一系列，二維影像。其本身既可說是客觀的紀錄，亦可解讀為主觀的鎖定及排除。類比我們對於自身對生活空間的認知：具體化的生活環境、街道、都市地景……等，是否可以將其定義為一種客觀的、具體的紀錄？而生活於其中的我們，或有或無意識的選擇看見或視而不見，是否也預告了我們在「認知」的過程中，對其真實性與客觀性產生一定程度的斷裂？』（註 4）

地點

　　地點『涵構』在本計畫中定調於城市／都市（註 5）。試圖從『理性規劃及同值性策略方針』（效率最大化）的政治性空間與生活空間進行對話。『自構築』空間在台灣隨處可見，在山中鄉間特別

是農地區域，特別能看見屬人本能性的巧思。然而相比於純粹回應自然（包含氣候等）的一次環境或自身需求的自造空間，本次計劃更聚焦於回應人為的二次環境下的自構築。

註 1：永動機 (Perpetual motion machine) 實驗出現過各種不同的形態，此處的類比圖像是以巴斯卡拉不平衡水銀輪 (Bhaskara's Wheel /Overbalanced Wheel) 為型。

註 2：『理性』一詞也會在後續的論述當中出現。此處的理性更接近於 19 世紀末至 20 世紀初，現代主義於建築或都市規劃領域的相關論述，一種去個人、去裝飾，符合普遍機能需求下的空間。通常帶有最大工業經濟效益與使用效率等考量。

註 3：關於現代主義與後現代主義的分別及定義，至今仍有許多不盡相同的看法。本計畫並無試圖以嚴謹的方式對派別及定義去著墨，但以觀念應用的方式，試著從當代現象學及其延伸至日常生活、空間及物件的理論，整理並發展關於現代台灣的城市生活空間論述。

註 4：此處對於『照片』行為的論述，始於此計畫的提案之初，並於工作營期間，透過任務的結合，進行更進一步的操作嘗試與發展。

註 5：城市與都市在此書的論述中有不同的空間條件指涉。此處使用二者並述的原因在於台灣有部分的住宅區，其發展的進程比類似於有機的增長。它們可能是經由產業結構或是如車站為中心逐步發展而成。然而就算是如此，戰後台灣的建築型態即開始往現代建築的標準配置靠攏，因而在廣義的『理性規劃』之背景定義下，仍然符合本計劃的觀察對象條件。

『究竟要不要標定地點？』亦是我們其中的一個討論議題。本計劃之初，為了限縮自己的採樣範圍而訂定出『地點』遊戲規則：台鐵在台中行政區劃內的 23 個站點為核心向外『有限度的』發散（含海線 8 個及山線 15 個車站）。當初的幾個論點為：1). 本案計畫製作群皆駐點於台中，因此以此地作為計劃的起始點。2). 台中為東西向狹長的行政區塊，東側靠中央山脈在地圖僅有零星小鎮；反觀西側，也就是台鐵 23 站集中的地帶則囊括大小、新舊不等的城鎮乃至於都會區域。其站點的所在地也呼應我們論述目標的背景條件。3). 火車站的設立條件包括有城市歷史、產業機能及中央發展計畫等複雜的上而下推動特性；同時也因著火車站的交通機能，使下而上的聚落有較為明確的聚集核心及發展脈絡。

不過在此遊戲規則之下，曾韋翔（曾）及我（李）的『田野調查』方式也極為不同。曾採取較為都市視野的方式，先從線上地圖上抓出該火車站周遭幾個重要的公共空間結點後，再前往現場實地探查其空間特性。我則是採取近乎盲遊的方式，僅在出發前印出地圖，抓了步行十分鐘的範圍便直接前往（註6）。隨後不斷以『距離火車站十分鐘步行實際可及距離』作為範圍，進行幾乎是全面性的街道（公共空間）的紀錄。如此的方式導向區域間在居住建築類型（騎樓式的住商混合、透天厝或公寓大樓 ... 等）、街道尺度等等不同的『第二環境』下所產生的不同的空間回應策

略的比較。標定地點和『照片』本身有類似的意義：證明存在，而對於本計畫的這個階段，標定地點更接近基本背景資料的持續累積，野心在於從中逐步拼湊出此『現象』的『行為模式』（註7）。曾則有意識想將地點資訊在前二部分抽離，以鋪陳通論及台灣在五金行標準化商品之於裝配空間的『無地域性』(delocalisation) 論述。

非常普通田野計劃

2019 夏季，此計畫舉辦的工作營中，我們以五個任務及隨後的兩場演講，試著從兩個向度切入：影像及人。（前三個任務皆以台中中區為基地，任務四跟五則分成烏日組及豐原組，分別在這兩個區域進行。）

任務一：在街道空間拍攝照片回應『日常生活？』這個提問。之後三個人一組交換選取的其中一張照片進行線條勾勒及物件及空間的命名（定義）。隨後拿到『已被文字化的生活場景』的人，在不知道原始圖像的情況下，從網路依照文字搜尋圖片進行照片景象再現（圖03）。

任務二：從任務一所拍攝的照片中挑選十張進行重新分類，並透過分類來重新發現照片中所傳達出的核心主題（照片的自明性）（圖04）。

任務三：利用任務二分類後的照片群進行疊圖，在無個人詮釋（例如利用標注、上色、速寫等方式進行照片以外

的註解）的條件下，利用照片自身來顯影其空間主題。

任務四：以 Erving Goffman 在《日常生活中的自我呈現》的這段話出發：『在有裝潢和永久性設施的地方通常都有特定的演出，也可以經常看到演員和表演，這種場所常常瀰漫著迷人的魅力。即使沒有日常演出，這種場所仍留有某些前台特徵。』若將畫線的地方取代成其他的空間特性並以此為文本，在街道上會發現什麼樣的日常生活場景？

任務五：透過城市中搜集到的，無論是影像或是具體的碎片（例如一塊掉落的磁磚），透過理解及分析其本質，回應『完整本體』的一種城市策略命題。藉此來顯影並討論都市中的『既存價值』(existing quality)。

工作營最後的兩場演講，我們邀請到凌天老師〈自拍城市——都市空間的視覺呈現〉及陳品竹老師〈遊走在看不見的國度裡——都市田野調查日記〉，分別從城市影像及駐地田野觀察的角度，提供更多面向的討論，同時也為此計劃於期中做一個延展更深刻的小結。

小結

上述的內容，可視為在正式提出的論點之外，補充整個過程中來回討論的策略訂定及手法運用。此文作為一個前情提要，期待能使整個計畫的樣貌輪廓能更趨清晰。

註6：步行十分鐘是以易達性作為考量。參考的數值大致介在 1) 國際上許多城市在評斷生活品質的部分，會以步行 15 分鐘內可到達綠地空間為一個理想標準。及 2) 對於大眾運輸之交通便利性，會以 7 分鐘之內可到達作為依準。

註7：（搭配圖 01 及圖 02）幾次的『盲遊』田野調查後發現到，其街道蔓延出的『私人屬性公共空間』，其型態會因為建築形式而有類型上集體的不同，例如有無車庫、是否有騎樓退縮等等。圖 01 及圖 02 正好也帶出這樣的發現。

牆壁 盆栽
樹
鐵門
牆壁 盆栽
樹
鐵門
牆壁 盆栽
樹
鐵門
牆壁 盆栽
樹
鐵門
牆壁 盆栽

圖 01、02
將元素文字／符號化後清楚看見在背景建築型態不
同的情況下，會造就不同的元素組成。圖像來源於
工作營的成果發表。作者／王思懿、施秉均、單子
嘉（作者依姓氏筆畫排列）

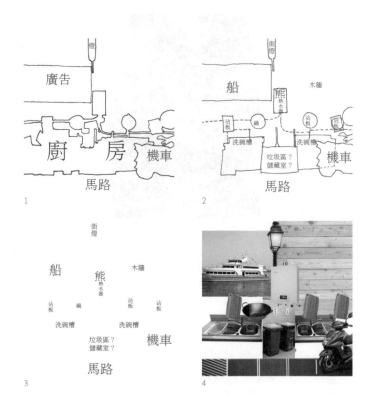

廣告

燈

廚 房 機車

馬路

1

街燈

船 熊
熱水器

木牆

沾板 鍋 沾板 沾板

洗碗槽 洗碗槽

垃圾區？
儲藏室？ 機車

馬路

2

街燈

船 熊
熱水器

木牆

沾板 鍋 沾板 沾板

洗碗槽 洗碗槽

垃圾區？
儲藏室？ 機車

馬路

3

4

圖 03
內容物：
1 第一眼的（文字概念化的）理解
2 更細看一點後的（文字概念化的）理解
3 文字／符號化
4 利用 3 的文字以 google 搜尋拼貼的『再現照片』

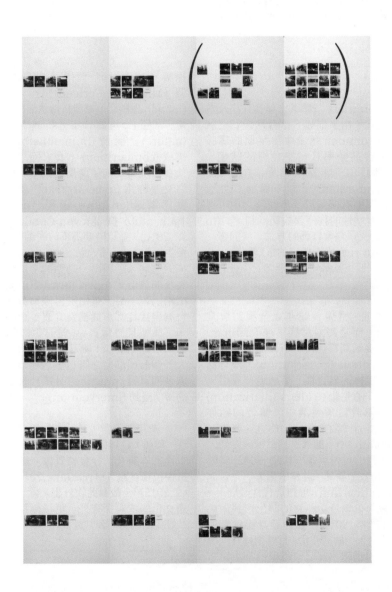

圖 04
透過圖像分類的方式來顯影照片本身自明性。

非常普通文化—
日常生活場域的顯與現
the urban tactic incorporated
into daily practice / everyday life

文 / 曾韋翔

Abstract

　　Ordinary 於字義上蘊含秩序及常規的概念，用來描述「符合常規」之狀態，而 common 藉由牛津字典的釋義為：形容高頻率且司空見慣的狀態。本計畫藉由「非常—常態」(the un-common ordinary，以下簡稱 UO) 一詞，企圖顯影挾藏於都市紋理之中，看似順應著理性的秩序與規範「制定」(to act)，卻又以自身行動的方式，「回應—擾動」(to react) 大環境的常規制度，進而產生「習以為常」的「混雜」(hybrid) 都市地景。

　　「非常 - 常態」並非完全脫鉤自常規系統，而是普通常態事件 (ordinary event) 接壤同質性後，衍伸的總體構成 (composition / constitution)，即含括同質性架構的異質性。另透過什克洛夫斯基之「陌生化」(defamiliarization) 理論，對於日常生活中，慣習的動作與場景進行「陌生化」，使之「非常」(un-common)，即透過其藝術觀點切入熟悉不過的日常場景 (朱剛 ,2002; 吳鄭重 ,2010)，論其「非常—常態」之奇異性 (uncanny) 組構，顛覆現代性發展下，空間類別化以及功能性的制化形式對應關係 (趙榕 ,2010)，並透過身體感知與經驗的介入，論其非常 - 常態組構在空間形式上的超越，真切地體現日常生活實踐 [1]。

　　本計劃藉由臺灣都市街道巷弄中之每日生活 (everyday life) 場域觀察與採集，透國法國社會學家米契爾 . 德塞圖（Michel de Certeau）之「戰術」(tactic)[2] 概念，指涉日常生活中的「非常 - 常態」；再進一步分析其對應自然 (nature)、個體 (human being) 及其構成 (composition) 本身，因應環境、社會、現實及人類使用行為下，所產生之交互作用 (to act to react) 及持續性動態調適 (adaptive) 過程 (Yoshiharu Tsukamoto 撰 ;Steven Chodoriwsky 譯 ,2010)，並以時間為不可逆軸度，「直接生活出來」(王志弘 ,2009)、被使用出來的空間，圖驥出一動態的空間構成行為及開放形式 (open form) 下的變動性組構過程。另，藉由前述觀察分析，以台灣現代性都市涵構為介質，企圖提出一「微型且游擊式」(侯志仁 ,2019) 的都市計略 (tactic) 與日常行動概念，融入於個體或群體之每日生活場域中，試驗進而實踐 (practice) 另類且具公共性的微型擾動 (intervention)。

　　於第二篇章，藉「裝配概念」的梳理，離析 UO 與既有都市結構交織的「多重性」本質及「社會物質性」應用下的抗性技略實踐 (McFarlane,2011a; 王志弘 ,2015)。故藉此次計畫，除了非常普通文化的本質探究外，更積極指涉都市共好生活的另類公共性實踐。

Keywords 非常普通 , 非常常態 , 混雜 , 陌生化 , 身體 , 戰術 , 空間生產 , 日常行動 , 裝配概念 , 社會物質 , 抗性技略

Background：
under the rational order of unban structure in Taiwanese cities

　　街道巷弄幾乎是個體每日生活必然經驗的公共場域、上演著人們真實生活的都市場景。大體而言，現行的台灣都市空間規劃，皆採以理性規劃及同質性策略方針，忽略多元文化及厚實涵構的城市鄉鎮根性本質，進而架空真實性的存在與面對。然而，走在這些被理性規劃、具宰制性的街道空間時，稀鬆常見的，是那些看似怪異卻又和諧的都市景象，雖呈現另類的日常真實性，但也顯影出都市規劃與真實涵構的脫節。這些奇異的景象或可說是個體透過「直接操作使用」與「身體經驗」，實踐對於宰制性空間的「反饋調適」(adaptive) 而非概括承受，也可說是台灣現代性都市涵構下，一種不相容卻又具體並存錯置的構成。從建築物外立面到路面，再由街弄尺度拉展至都市尺度，這些看似雜亂卻又順應規章之混雜都市地景，全然交織在現實生活環境中。這些有趣又意味深遠的現象，即是本計畫執行紀錄且正向探討之敘事文本，並以冷靜的態度及理論基礎，初探其「混雜」本質，顯影台灣現行都市規劃下的真實日常。

　　進一步以「混雜」一詞，詮釋 UO 為一「具時間性的動態變化反應」。除了非常 - 常態的混雜「現象」之外，其「過程性的動態發生」似可以列菲伏爾 (Henri Lefebvre) 之「空間生產理論」(Production of Space) 作為基底，

描繪此一「變動性過程」：以台灣現行具宰制性之都市空間作為列氏「空間再現」(representations of space) 的指涉對象，而非常—常態空間構成即為透過個體身體的日常行動，實踐「再現空間」(space of representation) 之運作（圖 7），前兩者的總體構成，在上下交互作用下產生混雜之動態性，即「空間實踐」(spatial practice) 體現，三者彼此無等級之分（吳鄭重 ,2010; 葉丹、張京祥 ,2015）。透過王志弘 (2009) 教授對於 Gergory 及 Soja 就列氏理論的演繹 [3]，或可梳理出「再現空間」對於主宰性空間規劃的擾動，又以 Bernard Tschumi 之「事件 - 空間」(event-space) 論述的推演：相對於長久以來制式化的「空間—形式」對應關係 (趙榕 ,2010)，非常 - 常態組構則藉使用者 (個體) 的身體經驗與空間感知，透過生活的真切操作與持續性反覆反饋 (reaction) 的動態調適（adaptive），衍生日常實踐，以顛覆由上而下的常規治理。換言之，則是對於都市同質秩序的接壤之後，透過日常行動實踐做為微型抗性 (resistance) 的真實反饋 [4]。

1.「陌生化」一詞源自：蘇聯時期作家 Viktor Borisovich Shklovsky 於 1917 年在 < 作為手法的藝術（Art as Technique) > 一文中所闡述之概念。在後文提到的「事件 - 空間」理論中的參考文獻，趙榕 (2010) 亦於文中提及「疏離化」(defamiliar) 作用於去除「空間功能 - 空間形式」的對應關係。

2. 吳鄭重（2010）教授於著作《廚房之舞：身體和空間的日常生活地理學考察》內容中，中文詮釋為「生活戰術」。

3. 王志弘 (2009)，多重的辯證：列斐伏爾空間生產概念三元組演繹與引申。《地理學報》，第 55 期，頁 1~24。

01

非常 - 常態
The uncommon ordinary

　　承如上述，若以同質化的都市結構作為背景架構，那麼所謂被顯現出來的「異質」，則非二元性的與常規涵構對峙，而是藉由日常生活實踐 (身體經驗) 對於同質性涵構的消融調適：嫁接同質後的相互作用 (to act to react) 過程下所衍生的異質，故本計畫並非著重在異質本體或二元性描述，而在於分析探討架構於既有 (同質) 涵構的異質，所呈現混雜狀態的三元性，即台灣街道紋理中所常見的片斷性日常。

　　德塞圖 (Michel de Certeau) 在《日常生活實踐》(英譯：the practice of everyday life)(方琳琳、黃春柳譯 ,2019) 一書，論及生活世界 (life word) 的構成：由上而下的「策略」(strategy) 及由下而上的「戰術」(tactic) 概念。換言之，策略所指涉的是一秩序規範的大尺度制定 – 在此架構下，本計畫更進一步關注的是，以現代性規劃為實行方針的都市背景，個體採以何種「日常實踐」應對缺乏真實性的制度、社會事實⋯等等，並有別於例行且機械性的日常生活模式，體現德塞圖的「戰術」(tactic) 概念：對於大制度僵化、同質性之都市規劃，個體在日常生活場域，透過身體對於現實 (reality) 的應對調適、協商⋯等（吳飛 ,2009; 吳鄭重 ,2010) [4]，持續交互作用 (to act to react) 下所衍生之異質型態，以超越二元性之框架，呈現混雜之「形構 / 行構」（formation / behaviorology），並以持續性的動態變化 (非定形且無以名狀) 滲透於台灣街道紋理中。

無以「名 / 明」狀 – 動態形構過程
The dynamic behavior of the UO construction in formation and incorporation

　　部分 UO 組構的發生是暫時性且獨一無二的，亦可能短暫的存在後，隨著使用者的需求達成或功能轉移，隨即不再賦予任何使用上的價值 [5]；有些則隨著時間改變及日夜時序交替，呈現不同組構發生在同一個地點，或高頻率的附著在人群活動眾多的地方。

　　「非常一常態」是無以「名」狀，亦無以「明」狀的，這指涉兩種層面上的討論：一為被觀察對象透過直接使用下的「物質性型態構成」另一則為交互作用下的「動態性行為組構過程」：因臨時性、或持續被操作使用，而無法以相對絕對「明」確的狀態呈現；此外，因組態被個體持續使用且因應人為、自然、物理環境⋯等，對於社會或環境現實條件而有所應對與調適 (adaptive) 的「持續性」且具「動態性」變化過程，甚至趨於衰敗消逝，而無法以常規建築類別或型態命「名」之。藉 Bernard Tschumi 的敘事空間論述切入這些 UO 組構，似能指涉「非穩定」的形式 – 機能相互對應關係，有別於現代性下，空

間機能性的命名與類別的常規機制 (趙榕 ,2010)：簡言之，UO 組構的動態多重性，使得「常規建築命名系統」失效。

援引 Yoshiharu Tsukamoto(2010) 於 <Architectural Behaviorlogy>[6] 一文中，對於「建築行為」的另類演繹：除了一般所熟悉的「人類個體」(human being) 在空間中使用的行為活動之外，「自然元素」(natural elements) 例如：陽光、風，以及「建造物」(buildings) 所呈現的樣態…等，在所屬的環境人文地理涵構的交互作用下，回應出人為的、建造的、自然元素的交疊行為與樣態。藉此，似可探討 UO 所呈現之複雜的「形 / 行為」(formation / behaviorology) 構成，換句話說，除了觀察對象之外顯型態，被「人為環境」(human environment)，透過個體直接的生活實踐與操作過程以及外部「環境與自然」(natural environment) 涵構之交互作用之下…等 [6]，都應為 UO 在組構型態上及 (個體 / 使用者) 實質行動 (活動) 上的真切對應。

The uncommon ordinary construction is open form which continually changes to react its surroundings

進一步藉 Oskar Hansen 所提出之開放形式 (open form) 概念作為視角與小結，除了個體與物件之外，環境條件及既有場域質地 ... 等，皆作為該類空間構成的「共構協造」，挾不同需求及時

間發展 (evolution)、活動發生，持續反饋調適出多層次質地的UO空間構成，進而輪廓這些看似微弱，但蘊藏反叛能動的日常生活實踐 (Woliński,2014)：

(1) 交互作用下的調適性構成：對於 UO 所處的環境，個體透過人為使用以轉化多樣物件對於既存質地的融合 (因地制宜、因人而異)，又因對於外來者 (物質或非物質、人或非人) 的介入展現其開放性，故形成持續性調適及變動構成 (continuously changes / reactions)。

(2) 多重多樣性：被個體透過生活直接操作使用與反覆反饋 (reaction)，組構隨時間依據個體身體經驗調適所衍生之非固化樣態，以持續未完成 (unfinished) 的組態，呈現多重實踐下的持續性演進，即使走向衰解與破壞亦是一種透過人為生活被操作使用出來或自然環境條件影響的過程。

(3)Not a close form! Not a fix form! 因組態的開放性，使得多元物件的持續介入，得以反覆調適 (adaptive) 下的空間實踐，而無以「名 / 明」狀。

4.* 吳飛 (2009)，"空間實踐 " 與詩意抵制 - 解讀蜜雪兒 · 德塞圖的日常生活實踐理論。《社會學研究》，2009(2)。* 吳鄭重 (2010)，《廚房之舞：身體和空間的日常生活》。台北市：聯經

5. 在田調執行中，會發現一些組構型態的瞬息萬變。Smiljan Radic(El Croquis #167) 亦 以 fragile construction 描繪這些因個體需求而構成的「構造」，因目的轉移或隨環境條件漸而破損消逝。

6.Tsukamoto, Yoshiharu(2010)，"Architectural Behaviorology" (Trans. Steven Chodoriwsky)。in 《Behaviorology》。New York: Rizzoli pp8—15

02

既存質地 –existing quality
都市顯影劑與動態構成之還原過程

UO組構作為視覺結構下的都市環境既有質地顯影

　　承上，除了闡述UO本質之外，亦著墨其都市顯影劑的作用：在這一系列被觀察紀錄之物件，「混雜」的狀態似乎是共通點，特別是在宰制性都市紋理中，這些「混雜」物件，續接了同質，遞接了異質的衍生。除了總括下 (UO 物件本身及其所處的都市結構) 的混雜交織外，藉以「視覺結構」(visual structures)[7]的概念切入，論其物件之物質性作為顯影劑，將生活中稀鬆平常的街道紋理，先是由微型尺度的物件顯像，漸而拉大至街道尺度的多樣物件，透過顏色、質感、內容…等，相互呼應。將這個以街道場景為背景的調研對象，從物件之間的組構本質討論，延伸至周遭環境涵構，並顯影非常常態組構中多樣物件與環境涵構的拼裝概念。

　　以在彰化市的街角麵攤為例 (圖 1)，綠色帆布被拉至固定於地面，這樣大面幅的遮擋，直接呈現其隨著不同時間的陽光照射角度，有著不同拉伸長度的回應方式。然而，除了這些透過人為操作的物質性型態外，就色彩與質地而言，透過「綠色、軟、大方塊」為前景，立竿見影當下街道場景的真實生活紋理，即透過初步與鄰近物件所呈現的色彩「對話」：各式鮮豔色系招牌 (不同高度)、藍色的椅子 (低矮)、黃色格子道路標記、黃色斑馬線…等等，作為媒介，透過這些物質性質地與型態上的呼應對話，進一步輪廓街道場景中複雜且多層次的物件拼裝，再拉伸到更大尺度的都市背景，由微型空間物件 (micro) 擴及至建築與街道尺度 (mezzo)，論其大尺度下的人文地理質地 (macro)。

動態性變動過程 –to act to react
非常常態真切的還原反應

　　《Architecture without architects, an introduction to nonpedigreed architecture》一書隨著 1964 年於紐約 MoMA 的展覽問世，其作者 Bernard Rudofsky 於書中開頭述到：展覽中的地域性建築並無進入建築形式的潮流內，且其部分構造工法及形式也因地處偏遠或存在於不可考的年代，而未被載於建築正史之中，故當今普遍所認知的正統 (formal) 建築形式發展脈絡亦未歸納這些「無血統建築 (non-pedigreed architecture)」(Rudofsky,1964)[8]。

　　然而，借鏡這些所謂無名的、非受過專業訓練建造者的自發性構築行為，值得探究的是：透過這些構築對應其位處的環境涵構認知，不僅真切的回應自然環境，亦包含公共性的構成，即面對環境上的既存質地，這些無血統的構築行動並非以對抗的方式回應，而是積極透過構築型態回應無可預測的氣候條件或多變的地型地勢 (Rudofsky,1964)。

回顧 Rudofsky 於書中前言述到：

"Architecture without architects attempts to break down our narrow concepts of the art of building introducing the unfamiliar world of nonpedigreed architecture." — Rudofsky, 1964[8]

對照當今台灣現代性空間實踐，不禁思考：是否人類的建築行為，在著手自然或人文環境之既存質地 (existing quality) 上，已由積極面對與「交互不間斷調適的動態過程 (continuously reaction)」，轉向排除及抗衡外在環境的同質性建造行為，並編碼性的量化人文社會環境內容轉譯為單線性工業生產模式。

綜上，藉由《Architecture without architects》一書的引述，進而指涉 UO 在組構上透過使用者對於環境質地的直接反饋與調適外，亦顯影了其所位處的現代性都市涵構背景。然而，本調研並非將論述的時間軸拉至現代建築發展之前，也並非試圖否定現代主義下的空間形式演進，而是藉田野調查的觀察對象對於現代性都市涵構的接應 (續接) 與轉譯 (衍生)– 透過那些「非純正建築血統」的 UO 構成 [9]，與所謂具正式的 (formal) 常規化建築類型並置，隨著環境的、人為的、自然的元素交互作用，其無以「名 / 明」狀的動態組構過程 (圖 2)– 正是對應環境現實的真切反應，並試圖對「建築」一詞做以下「還原性」的小結討論：

圖 01 彰化市的街角麵攤

圖 02，上圖為 2018 年拍攝，下圖為 2020 年拍攝

7. 視覺結構 (visual structures) 一詞，源自於卑爾根建築學院創辦人 Svein Hatløy 承襲 Oskar Hansen 的建築教育中所衍伸出的空間演序過程。

8.《Architecture Without Architects: A Short Introduction to Non—Pedigreed Architecture》一書內容可檢閱紐約 MoMA 網站。

(1) 還原至對於人文地域環境的真實回應以及建築行動上的本質性探究，即對於當下環境空間（人文、自然）的動態性回應，透過個體的直接使用，調適 (adaptive) 其構築行為融入 (incorporated) 現代性下的都市結構卻又不失其自明性。

(2) 還原建築多元的可變彈性，而非同質化下的機械性：避免建築行為在構築上或材料上的工業化歸納導致不同區域／地域之文化差異性的同化，亦即避免弱化不同地域間的差異性及其可能衍生的多樣性構築型態，而被以標準化為基準的「建築類型」取而代之。

03

Fragment—
片斷性田野採集術及ＵＯ組構基調分析

本節先就「日常片斷採集術」，論其非常—常態構成透過暫時「離場 (off-site)」的解析方法，進而得以感知 (perceive) 其質地而非僅知其樣態形式，並概述三種非常—常態構成之基調，再於文後透過田野採樣，列冊抒論。

Fragment 在字面上的定義為：源自一完整本體的局部，因破壞而形成多個片段 (pieces)、碎片 (shards)…等等（參閱劍橋英語詞典），字義上可為名詞或動詞。在本次田野計畫中，試圖透過這些碎化分佈且廣布於都市紋理中的非常—

常態組構，以較具實驗性之分析操作，進一步回應「完整本體」、「片段」及其拼湊「過程」的本質探究，輪廓一都市計略 (tatic) 之初步可行性。

(1) 抽汲 (Abstraction)：對於田野調查對象基地中，真實性與既存質地的採集，含括物件、文字、圖繪…等等，皆為文本，其源自於日常中的局部片段，可能具明顯的時間性，亦可能具有對象基地所屬之地方性…等，其「既存質性」亦指涉顯性／隱性真實性。

(2) 重定義與衍義 (Re-define & imagination)：自對象基地抽離之文本暫時定義為「片斷性物件」，亦由地方涵構「暫時」分離出來，加以本質性的論述，探究其「非常」(un-common) 之處，並衍生另類再定義。

(3) 再現與行動實踐 (Re-production & Re-action)：對於調查對象既存狀態的顛覆性，並可進一步指涉為對於真實性的重組（瓦解）與再造：創意想像與連結建構於真實性上的 (非) 真實性或新的可能性，也許等同於本意，但或許超越本意或轉譯為另一可能性。

(4) 部分物件與材料的「一次性」組態：組構之目的達成後的衰敗常態趨向。其存在作為可持續性 (sustainability) 的另類思維。

透過上述四項田野採集及再現分析操作，分離出以下ＵＯ組構基調：

基調一：
都市街道場景與田野觀察對象並置交錯的非常—常態構成

　　道路系統（物件：人行道、電線桿、道路標線…等）是這些組構發生的基本座標軸，可視為必要條件，特別是道路標線的存在，反而合理化了 UO 的存在。例如：斑馬線末端的小吃攤販（圖4）。位處於道路官方劃定的邊界線上，透過直接的使用實踐了正式—非正式空間構成上的並融。且這些 UO 型態的組構，幾乎以最平鋪直敘的方式，傳達最直接不過的訊息，例如頻率相當高的黃色房地產廣告，以一種最直接清楚的方式，交代產品名稱、區位、價位、產品條件…等，並以多樣的型態發生在道路系統之中，例如以機車轉化作為廣告支架，以停車作為事件，停放在停車格，也順理成章的形成宣傳效果 (圖3)。

基調二：
奇異性組構 –Inventory & Assembly: The UO construction is composed by the given objects

　　其總體功能性是透過不同物件組構而成的。例如麵攤的販賣消費功能組成，並非只有攤車本身，而是有帆布、塑膠椅、折疊桌、電線桿…等，聚合在一起，作為麵攤的構成 (圖4)。在此，特別一提的是，不同物件之間無論是質地上及用途上並無直接的連結關係，但透過使用者及活動的介入，驅動其物件與物件之間的整體組構協調過程。

圖 03 放在停車格的黃色房地產廣告機車

圖 04 功能性是透過不同物件組構而成的小麵攤

圖 05 以小發財作為游移都市的插件物件

9. 在此，以「構成」取代構築，因非常—常態應被視為一涵構，指涉不同尺度上的總體組成，其混雜性除了奇異的組構本身外，亦囊括異同並置相融的大尺度環境背景。

基調三：
極小值的極大化 maximize the minimum– 移動式插件 (載具) 之臨時性空間構成 (擴充)

以小發財車為例（圖 5），小發財車變形的多樣化 (作為早餐車、水果攤 ... 等)，更具討論價值的應該是當小發財車作為一「移動式插件物件」時，都市中較為公共的空間或部分私人空間，臨時的成為插件 (plug-in) 功能擴充的空間。在此，指涉三種維度的討論：(1) 以都市空間作為插件功能性擴充的空間，意味著插件本體空間量的限制透過都市空間的挪用予以放大，並回饋於小發財有限空間的極致化利用 (小發財車體本身制式化尺寸)，使得被使用的方式形成極端且奇異的模式 (甚至不斷的被複製發生在都市場域中)，例如：「早餐店」的實體物件如何篩選其必要性功能，並壓縮至以小發財為單元的「早餐車」。(2) 都市中的空間 (騎樓、道路線旁側剩餘空間) 作為插件功能性擴充的空間 (圖 6. 早餐店的餐椅出現在騎樓)。(3) 都市空間及游移式插件本身的去機械化，以及主體變動性 (部分隨時間推移)。

04
游擊式空間擾動 – 公共性的另類想像

於本段，先行藉由現象地理學家 David Seamon（1980）所提出之地方芭蕾 (place ballet) 概念加以梳理「常態」(ordinary)：除了將日常生活由大尺度理性制度下的實踐，轉以身體尺度為論述的軸向，探討在每日生活中，個體隨著時間、空間與物理環境發生重複地 (repetitive)、韻律的與慣習肢體行為模式—身體芭蕾 (body ballet)，並進一步輪廓地方性 (local) 與公共性 (common) 範疇 – 人 (people)、時間 (time) 與地方 (place) 與記憶之社會空間的生活實踐場域 [10]。

然而，前述似屬身體「例行性模式」之日常生活實踐，亦顯其身體—主體於現代性都市中的鈍態機械化。故本計劃更積極探究的是：以德塞圖日常生活「戰術 (tactic)」為概念，提出「非常 – 常態」涵構，作為身體—主體於日常生活中最真切卻也另類的日常實踐，進而構成一微小卻堅韌之顛覆性 (insurgent) 微型都市計略 (urban tactic)，衍生公共性的另類日常行動 / 擾動 (Holston,1995; Hou,2010; 吳鄭重,2010; 侯志仁,2019)。

微型都市計略 –
非常常態的敘事性空間實踐

在田野調查與採集的過程，部分非常 – 常態的空間構成往往類似但獨特的發生在街道元素上 (道路線、政府機構 ... 等)，電線桿即是其中一個複製在不同城市中的元素，隨著電線桿位置 (住宅前、攤販旁 ... 等) 以及所座落的區域不同，被直接使用的方式及空間組構的狀態就隨之變動且以各自獨特的型態展現，更有些隨時間而臨時性的發生。

這些重複性元素及同質性空間結構，透過個體稀鬆平常的日常行動實踐，構成了異質性空間–機能的混雜錯置（趙榕,2010），例如：在電線桿上架竹竿曬衣服、種花…等，這些空間–機能非制式的對應實踐，實質的在日常生活場域中發生。在此，藉由 Bernard Tschumi 提出的「事件—空間」(event—space) 概念作為切入點（圖7），論其非常—常態作為微型都市策略以顛覆宰制性常規的可能性，即其空間實踐過程中所產生之錯位並置的另類都市地景，例如，電線桿＋種花種菜、曬衣服…等等，透過平凡的「日常例行事件」介入「常規空間元素」，得以演繹 Tschuim 對於事件–空間論述中分裂 (disjunction) 的契機，即對於傳統常規空間規劃、形式與機能制式對應關係的正面擾動（趙榕,2010）。

結論

現代化之下，都市空間 [11] 被採以數據性的「量」，簡化其「質」性以及理性推論下的「機能」(function) 化，對於都市生活中的真實性進行「解碼再編碼 (decode/re-code)」(Lefebvre, 2000/2015)：公園綠地的輪廓、機構性空間的設置、街道及重複性元素的植入，且明確的機構性建築標準樣式，警察局是警察局、公園是公園…等等，致使均質的空間規劃凌駕個體日常生活的真實性與多樣性。在此背景之下，非常—常態（the un-common ordinary）似可作為微型都市空間計略 (urban tactic)，將現代性建築對應環境、人為空間規劃

從解決量及機能的「標準製造程序」，轉向以日常生活中的真實性為基調，透過日常行動的錯置介入常規都市場域實踐，以擾動現代性下疲乏鈍化已久的身體感知經驗。本文於前端就台灣都市中非常–常態所位處之「人文／自然環境涵構交織」為起始論點，論其與現行都市涵構的三元混雜性，再就其本質，探索其「動態構成」的無以「名／明」狀，為非常–常態涵構描繪出多樣性的物質性組構及多層次的空間實踐，作為下篇以裝配概念 (assemblage) 為調研方向的基礎輪廓。

圖 06 以騎樓為擴充空間的都市插件：小發財車
（參閱田調案例第 13 則）

10.
地方芭蕾：Seamon, David & Nordin, Christina. (1980)，Marketplace as place ballet: A Swedish example.

身體芭蕾：Seamon, David. (1980)，Body—subject, time—space routines, and place—ballets. The human experience of space and place. 148—165.

11. 根據列斐伏爾的論述，似可推論其「城市」與「都市」字詞上的區別，前者較具地方性的適性發展，而後者具現代規劃性機能區分下的同質化都市構成。(Lefebvre, H. 原著；李春譯,2015)

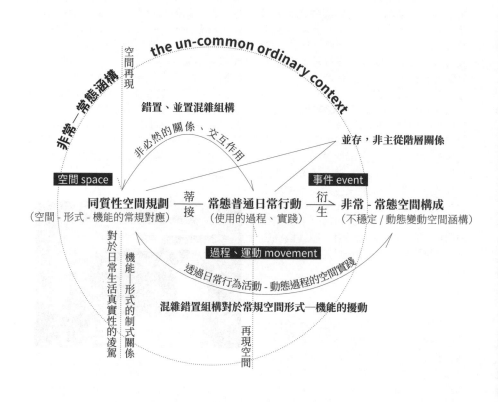

圖 07 敘事空間 / 空間生產理論與非常 - 常態概念交叉圖表 *

* 曾韋翔編繪，根據趙榕 (2010) 之「事件 - 空間」剖析及葉丹、
張京祥 (2015)「空間生產理論」應用與非常 - 常態概念交叉探究。

田野案例列冊閱讀說明
the sites where those attached

文 / 曾韋翔

物質性

根據田野調查的觀察對象，幾乎可討論到後述幾個關鍵字，來指涉這些組構物件可能的物質性質地：

輕率 # 非耗時 # 可輕易拆解 # 時序性
非牢固 # 一次性 # 物件化 # 可被替換
重複性

透過上述質地，物件與所位處的環境、行為活動 ... 等，交互構成，進而以組構的樣態輪廓公共的多樣性，故在 01 項中先行指涉其田野調查的基調：

public / common

透過第 02~15 則不同的案例列冊，意旨在輪廓由下而上的公共性實踐及更進階的共好思維。作為兩個概念性詞彙不斷交織於調查分析中，應無絕對的答案，而是一種變動性的書寫。

這些列冊的組構物件中，有些元素是屬於官方設立的（ex: 電線桿、路燈…等）或者因應法規而劃設的空間（騎樓、防火巷、道路標線 ... 等等），但透過人為的使用，其原始功能已被調適後的功能所（暫時）取代，例如：電線桿被物質化的當作結構支撐在使用、道路標線反而界分了攤販適當佔用的場域。而且這樣的使用方式可以一再的發生，但因應不同環境及既存條件而形成各自獨特的「被使用」樣態，並且不斷地蔓延在城鄉街道涵構之中，藉以微型空間尺度，呈現被個體操作使用下的多重性：

時間 空間 填空間

這一系列在都市空間中，是相當典型的，其混雜性發生於土地建管治理下的空間劃設以及私人的直接使用活動，最高頻率的是騎樓空間的佔用，以及土地治理劃設下的剩餘空間被直接的挪為他用。有趣的是，在我們每日生活必經的斑馬線兩端，在特殊的地理位置及空間條件下，亦成為攤販變動性使用的發生點。並跟隨著變動性空間涵構，產生了因應暫時的、非固定的 ... 等等物件使用特質。其衍生之物質性，則在 07 移動物件中，另外呈現。

one-time event

一次性活動在台灣政治結構下,似乎已儼然成為必要發生的「官方性日常活動」,然而,作為其中一類別的田野調查紀錄,其所冀望的是一次性文化下的另類思考:一次性的永續性何在?后里花博即是最佳的案例,所有的硬體設施以及所衍生的鄰近商業活動(咖啡店、停車場...等等)皆是舉辦花博的短期效應與商機。那麼,花博之後呢?如同現場「遺留卻又頓失功能」的設施,究竟地方的永續性何在?

電線桿

同樣作為官方設立之物件,電線桿的存在,卻更為貼近鄰里尺度上的常民生活,在閱讀此一系列當中,值得留神的是電線桿元素與其鄰近空間類別之間的交互作用,例如在夜市或在住宅前方的電線桿就會有明顯的被使用上的差異。

騎樓柱

騎樓空間是屬於都市建築法規下所劃設的空間,有趣的是,隨著各地方政府對於騎樓空間維持暢通的執法力道不同,被私人挪用的使用型態隨之而異,在本計畫中,則以臺北市為例,即可觀察到騎樓空間的「極致使用戰略」。

自 構築

自 構築是在眾多田調對象中,最令人著迷的一個系列,其組構的自明性,強烈照映 open form 概念中,對於環境既存質地 (existing quality) 的真切回應,將其依附的固定物件,透過使用者淋漓盡致的被直接使用操作。

此外,也有些雖然不是官方設立的物件,但這些組構本身所被採用的物件具工業標準化,被以固定的或模矩化的方式生產,但透過人為使用、環境因素,

超越本有的物質功能，而呈現「被生活實踐」的非常 - 常態樣貌：

帆布

　　帆布這樣的工業材料，在這次的田調分析中，有三種指涉：一、在建築專業的養成過程中，帆布並不被視為「建築元素」，但諷刺的是，使用者加裝帆布的用意，就是在彌補建築本體上的需求。二、其用途對於自然元素的直球回應，也就是說，帆布這個元素的被使用，即在調控陽光進入建築空間內的量，以及遮擋雨水，抑或對於風面的導流 ... 等等，這些皆是對於自然元素相當直接的回應，三、在型態上，透過使用者對於氣候的直覺回應，而使帆布型態隨時間氣候的動態變化 ... 等，相關物質性思維的討論，於本書第二部 - 裝配概念抒論。

加水站

　　台灣的自來水供應率相當高，但與民眾食用的水源卻不同，因而衍生加水站的佇立。對於加水站於都市空間的閱讀，應三元性且對稱性的拉伸。換句話說，一般對於加水站的聯想可能是「附加」於商業空間，或者街廓轉角處，為民眾帶來買水的便利性，因此也引出了一種「順便」的文化，外出加水可能不是唯一目的，而是對於加水站鄰近的物質性展開對稱性的日常生活實踐，例如加水站＋彩券行或者＋便利商店。

　　另外一面，或可對於正副系統（官方─非官方）並存加以討論，加水站即是一很好的例子：自來水是由政府事業主管機關管制的日常供給，然而，加水站的設立，抑或挾帶出都市景觀中的另類複層性。

資訊

　　直覺且扼要的將資訊呈現出來，而且可能都有一種格式上的限制，A4 大小的噴漆或者張貼廣告，或者 A1/A2 大小的黃色房地產看板 ... 等等，在有限的書寫空間裡，清楚直述，且衍伸現代生活中「張貼且易撕除」的日常文化。

第N立面

這一類物件的呈現，或可指涉為更深層的都市議題，亦即這樣建造後的複層立面「常民構造」，已超越建築實務中，所認知的「建築完成面」，並以個體的使用需求，直接被實踐出來。

標準化的可替換易操作 ... 等性質，卻也無形中扁平化了生活經驗及建築設計中的「厚度」，相關討論或可藉第二部文章中的「還原性」深論。

大　陽傘

如同前項第 9 及 7 的討論，大陽傘的使用對象，似乎以移動性及收納效率高的攤販為主，因此也衍伸出以大陽傘為使用單元的模矩化空間實踐，亦即在空間量上的極致使用，並以單人可操作為原則的大陽傘空間單元。

移動物件

延續在加水站的後段討論，抑或這樣解機構化且比較於正系統（官方）而被視為次一級的日常生活物件，都會有一套應對機制以及其衍生型態，例如：快速方便且具備移動的必要性。

小　發財

延伸在第 12 項對於空間的極致化使用，小發財車更是總括了移動性以及車體空間的極致使用，並對於一般認知的機構化進行顛覆，亦即小發財車作為商業用途，例如，賣水果、早餐 ... 等等，這些在日常街道中常以「店面」存在的空間機構，轉化成以「車」為單元的空

生活　五金行

台灣五金行所涵蓋的範圍之廣，從居住單元的各式空間（廁所、廚房 ... 等）到生活所需的各種大小物件零件皆可在五金行以經濟的價格購買，並隨使用者進入日常場域中。然而，為了符合工業

間轉譯時，即產生異質空間且極致使用的空間實踐。

便利商店

便利商店亦是延續正副系統的概念，所衍生的紀錄對象，一般而言我們所認知的便利商店是一有組織且物流系統建構完善的商業模式，在田野調查過程中，無意見發現鄉野中的「便利商店」且距離我們所耳熟能詳的知名便利商店不到 200 公尺的距離，在這樣微妙的並置關係下，亦或顯影台灣都市地景中的另類層面。

以上組構中的物件、環境背景、使用者…人類或非人類的物件—空間實踐必然有其位處都市環境中，混雜型態的發生，透過其組構複雜程度的不同，分為兩篇章：第一篇文章作為概念的敘述，輪廓「非常一常態」，再進入第二篇章：較為複雜且深入都市社會地景的「裝配概念」，藉第 10 至 15 案為例。

除了 01~15 則田野調研對象之外，本書另以 00 作為論述性及前導性篇章之編碼，故在書冊右側標記為篇章編碼與頁碼，而主文左側，則以田調中的物質性物件及事件性空間場域的對稱性敘述。

右側標記範例說明：

篇章碼

00-00 | 000

頁碼

左側標記範例說明：

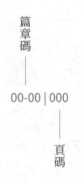

組構中被採用的物質性物件

資訊＋帆布面＋鋼構＋街屋＋斑馬線＋十字路口

組構位處的環境／空間

01

public
common

竹竿 ＋ 水泥桶塊 ＋ 機車 ＋ 活動中心

就形體而言的討論，對於這些非永久性或隨時間衰敗的草根性構築，這類非典範、非建築專業建構下的組構，衍生其所存在的環境（狹義下，被附著的空間、場所…等）。這些組構的質地與內容也對於公共性的定義促發另一種可能性：有別於現代性都市以紀念性及空間量化作為公眾聚集空間的規劃策略，透過這些田野採集對象與其「依附的」空間環境產生交互作用下，指涉為另類公共性的發生，亦對傳統都市結構下的公共性予以顛覆。

解讀這些UO的型態，即便其用途在於滿足使用者日常生活上的即時需求，但以調研的角度而言，或可指涉以實際行動作為對於既存條件（環境、制度、有形或無形）真切的回應。

衣服 + 衣架 + 鐵窗 + 廣告招牌 + 住宅立面

美甲/手足保養/崁甲矯正/

晉祥帆布
22626691

帆布＋鐵捲門＋柱子＋盆栽＋塑膠椅＋柑仔店

redefine
publicity
reality
continuously
change
非二元性主體
變動性
日常生活實踐

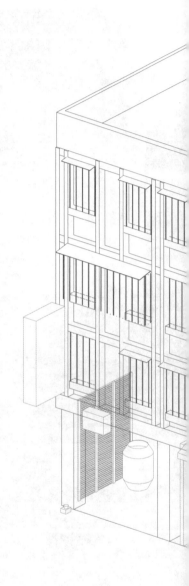

互動性變化樣態 — 帆布＋鐵捲門＋柱子＋盆栽＋塑膠椅＋柑仔店

帆布是在台灣街道中最常見且似乎具有直接回應自然元素與人為使用的建築部件。有趣的是，在建築教育中，這類型的常民「建築」元素似乎不被納入「正統教學」的內容之中。

然而，這些物件被直接使用的方式，往往是日常生活中的真實對應「遮陽」或「擋雨」行為，或可被描述為對於陽光、雨水、風等自然元素的真實反應。同時亦作為生活空間與模糊的動態邊界，特別以帆布為甚，隨著時間、陽光、雨水這些難以掌握的自然元素，做出相對應的彈性使用，使得這類的街道物件在建築立面上，隨著氣候、人為使用 ... 等，呈現出具互動性的變動樣態。

1. 帆布
2. 盆栽
3. 塑膠椅
4. 鐵捲門

帆布＋洋傘＋柱子＋水果攤＋市場＋銀行

帆布＋洋傘＋柱子＋水果攤＋市場＋銀行

互動性變化樣態—帆布＋小發財＋電線桿＋人行道＋斑馬線＋路口＋商場

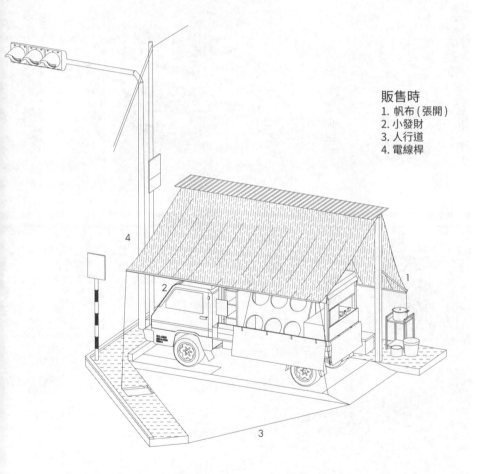

販售時
1. 帆布 (張開)
2. 小發財
3. 人行道
4. 電線桿

互動性變化樣態──帆布＋小發財＋電線桿＋人行道＋斑馬線＋路口＋商場

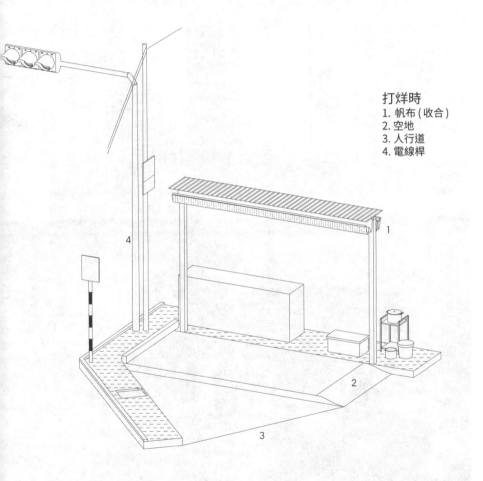

打烊時
1. 帆布 (收合)
2. 空地
3. 人行道
4. 電線桿

1

4

2

3

互動性變化樣態─帆布＋小發財＋電線桿＋人行道＋斑馬線＋路口＋商場

水塔＋帆布＋浪板＋麵攤＋尼龍線＋塑膠椅＋角街＋十字路口

水本應是生活中必須且唾手可得之。在
台灣，作為飲用的水不是家戶中的自來
水，而需提著水桶 / 開車騎摩托車 / 加水
站 / 加水槍 / 注水…等，似乎成為部分民
眾每日取水標準流程。

除了作為生活用水的主要來源以外，
亦諧趣的在都市生活中成為有趣的
mapping 物件，以及特殊的人文地理景
象，意外成為日常生活中的機械「技術
物」（artifacts）*，加水站亦確保了人
類身體的組成元素。

加水站通常並非單獨的存在，必然有其
附著挪用之空間或物件，例如：便利商
店、彩券行或者小麵攤，既平常卻又必
須的矗立於街道。

4

日常生活中的機械技術物—街屋＋招牌＋雨遮＋加水站＋道路

* 有關技術物，檢閱：Winner, Langdon(2004)，技術物有政
治性嗎？（方俊育、林崇熙譯，林崇熙校訂）。見吳嘉苓、傅
大為、雷祥麟編譯《科技渴望社會》。台北：群學，頁 123-
150。（原著出版年：1980）

1. 加水站
2. 帆布雨遮
3. 路燈
4. 商店招牌

加水站＋儲水塔＋反射鏡＋電線桿＋電箱

蒸餾水桶＋發財車＋人行道

04

資訊

禁止

亂倒垃圾 違者處

新台幣一千兩百元以上

六千元以下罰鍰

（此處有照相告發取締）

彰化市公所 啟

房間出租
成功路台銀邊十坪
Tel 0905357481 3447
　　7246802

　　吳先生

中心
經營
皆可
放款
元
119
119 阿儒

息
速撥款
元日付50元
便宜歡迎比較

500
手機號碼

資訊＋帆布面＋鋼構＋街屋＋斑馬線＋十字路口

大型看板

貼近道路生活的真實建築立面之一。

生活的真實立面 — 車道＋人行道＋廣告帆布面＋鋼構＋街屋

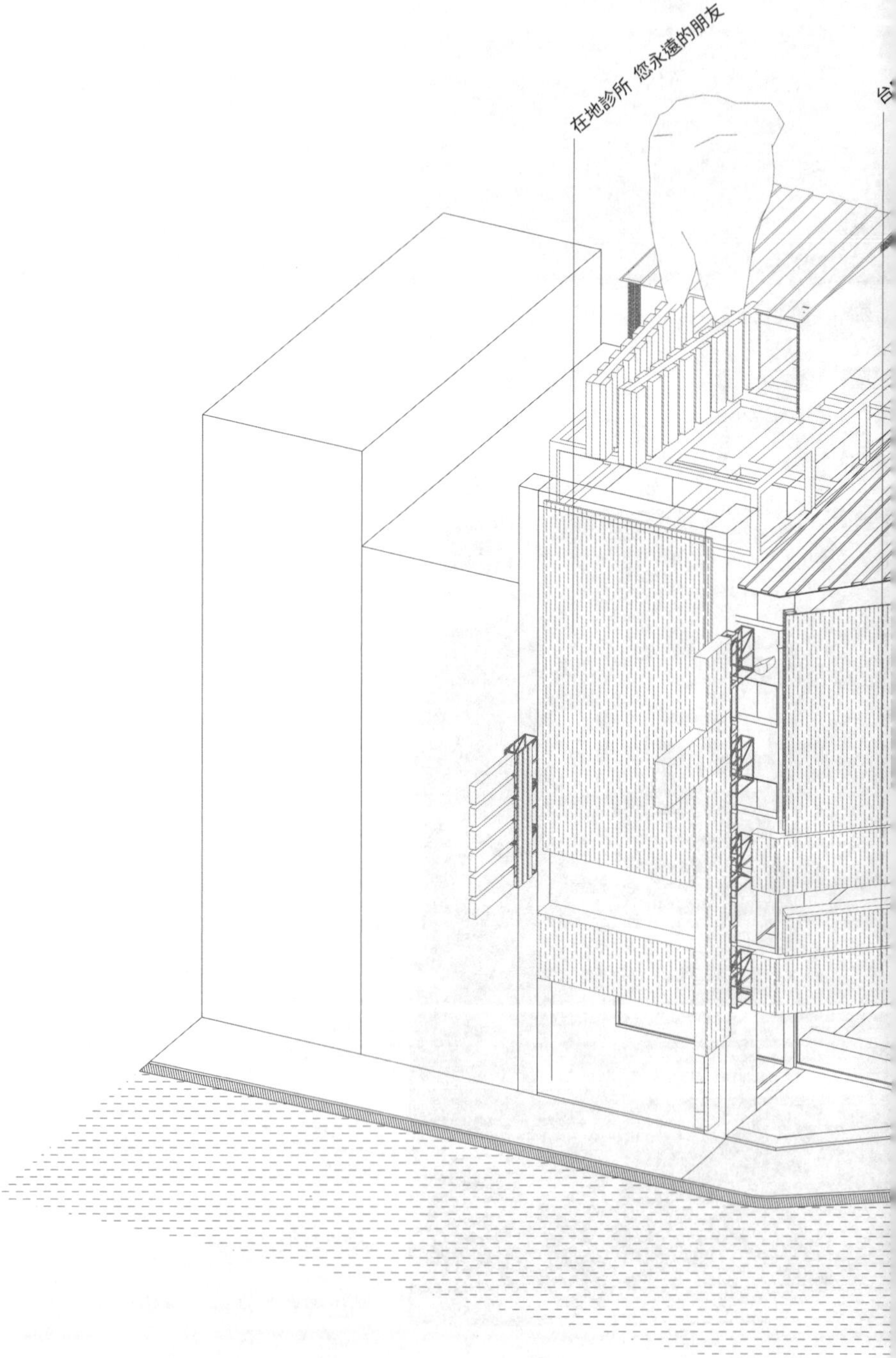

在地診所 您永遠的朋友

台

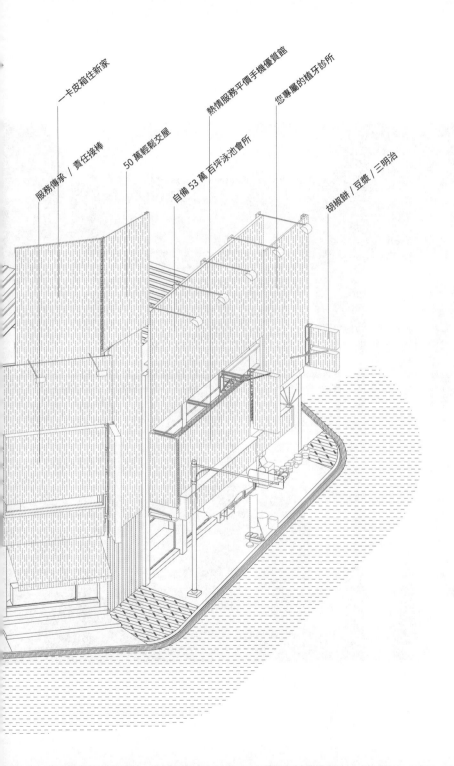

一卡皮箱住新家

服務傳承 / 責任接棒

50 萬輕鬆交屋

熱情服務平價手機優質館

您專屬的植牙診所

自備 53 萬 百坪泳池會所

胡椒餅 / 豆漿 / 三明治

三色滾筒＋桁架＋盆栽＋水溝蓋＋交流道

小貼紙文化—小貼紙＋信箱＋電鈴＋香插＋水管＋街屋

生活的真實立面──資訊＋帆布＋塑膠瓦楞板＋鐵皮加建

1. 廣告燈箱
2. 廣告立牌
3. 商店旗子
4. 帆布廣告
5. 黏貼看板
6. 布幕
7. 招牌

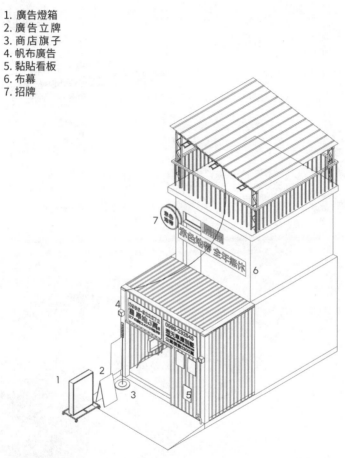

黃色不只是顏色 —— 房仲資訊＋塑膠瓦楞板＋小發財＋停車場

黃色不只是顏色──房仲資訊＋塑膠瓦楞板＋路口／停車格／街邊

05

第 N 立面

現代性日常實踐 — 帆布＋建築立面

現代性日常實踐──帆布＋建築立面

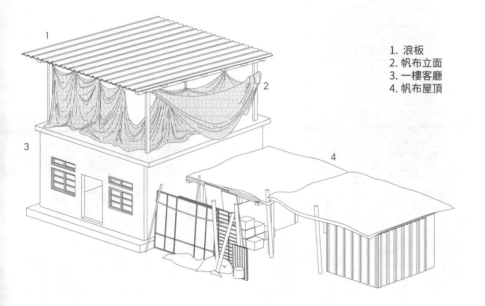

1. 浪板
2. 帆布立面
3. 一樓客廳
4. 帆布屋頂

回收物＋帆布＋街屋立面

回收物＋帆布＋街屋立面

金爐＋盆栽＋鐵窗＋街屋

constructed
lived
facade
被生活出來
立面

建構於被建造 / 被生活之下所衍生出來
的「行 / 型動構成 (formation)」；一反
應現代性，一回應日常實踐。

對於台灣的住屋立面而言，面向街道的
真正完成面，往往是透過使用疊加的過
程（或能回應 McFarlane(2011b) 所指
涉的 incremental assembly），在建
照核定立面上，衍生出因應不同形式、
材料的「構件」，以符合生活需求。也
因此，建築的真實立面也非建築圖中有
比例、有標準尺的材料，而是透過日常
生活所積累的生活—(建築) 立面，似乎
在台灣住屋中，呈現一未完成，且持續
變化的狀態。亦隨著不同物質性的組構、
自然元素的影響…等等，使得住屋建築
的立面，呈現一動態性的演變呈現。

鐵網＋管桁架＋磚牆＋停車場＋街屋背立面

06

時間
空間
填　空間

道路標線＋大陽傘＋蔬菜＋販賣活動＋成衣店

人行道＋騎樓＋早餐攤車＋桌椅＋打烊店家

隨不同時間產生不同的空間使用 — 人行道 + 騎樓 + 椅子 + 販賣活動 + 店家

\# 動態變動
\# 游擊
\# 時序性活動

在第 13 則—小發財車系列中，我們記錄了同樣是早餐「店」並以小發財車為載體的游移物件，似能歸結為一常態的台灣特有人文地景：「早餐店」普遍發生於交通匯集處、商辦、學校及住宅區附近，並以游移不固定的型態呈現一種可被推至後巷或隨小發財裝卸收納遷移 ... 等，多樣態的呈現。

1. 折疊桌、椅
2. 騎樓早餐攤車
3. 小發財
(攤車、摺疊桌椅收納移動空間)
4. 午後營業商家
5. 招牌立面
6. 人行道
7. 道路

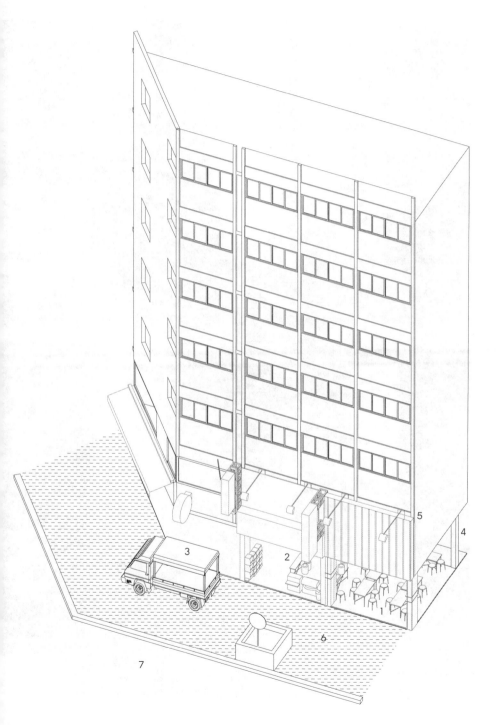

帆布＋攤車＋價錢看板＋日光燈＋防火巷＋騎樓＋道路

廟＋棚＋人行道＋小發財＋戲台＋停車格＋斑馬線＋河道

與基地既有物件並存──廟＋棚＋爐＋人行道＋停車格＋橋＋河道

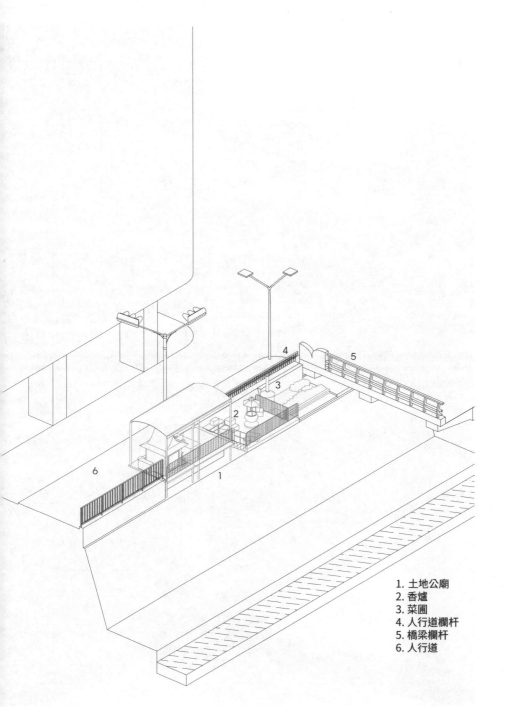

1. 土地公廟
2. 香爐
3. 菜圃
4. 人行道欄杆
5. 橋梁欄杆
6. 人行道

與基地既有物件並存──廟＋棚＋爐＋人行道＋停車格＋橋＋河道

fillingup
填充系空間

建物之間的狹縫、同個空間但因時間順序差異產生空間使用者的不同、無法界定、介於 formal/informal 的空間、制度與官方線條劃設下的切割剩餘狀空間，透過個體與物件的填補而呈現被直接操作使用的日常實踐。

車棚＋桌椅＋攤販＋便利商店＋斑馬線＋路口

伸縮車棚＋橋墩＋道路標線＋陸橋墩＋便利商店＋斑馬線＋路口

動態
隱性界線

街道空間固然受官方界定車行、人行、或者其他機械載具的通行標線，但透過標準尺寸劃分後，所剩餘的空間往往卻也合理化了非正式挪用 (informal appropriation)。令人玩味的是，遊走在官方非官方之間的使用者，藉用具彈性、可被移動、方便擠壓堆疊的物件來拼裝 (assemblage) 其所需機能。此外，透過場域中的既有事物，亦衍生出並置於公共與私人物質的奇異性型態，例如：同時與便利商店、斑馬線的攤販，利用其人流來往，吸引顧客，並隨著時間不同，在早餐及午晚餐之間，有不同的物件組構變化，並利用河堤的混凝土墩柱，固定部份物件。

伸縮車棚＋橋墩＋道路標線＋陸橋墩＋便利商店＋斑馬線＋路口

伸縮車棚＋橋墩＋道路標線＋陸橋墩＋便利商店＋斑馬線＋路口

加蓋雨遮＋冷氣＋豆花攤＋椅子＋巷道

在這些去機構化類型的「場所」或「空間」，似乎藉由一個個既可單獨運作的物件，又可與其他物件組織起來，形塑一被使用者定義之空間組構。

去機構化類型的場所與空間—加蓋雨遮＋冷氣＋豆花攤＋椅子＋巷道＋路燈

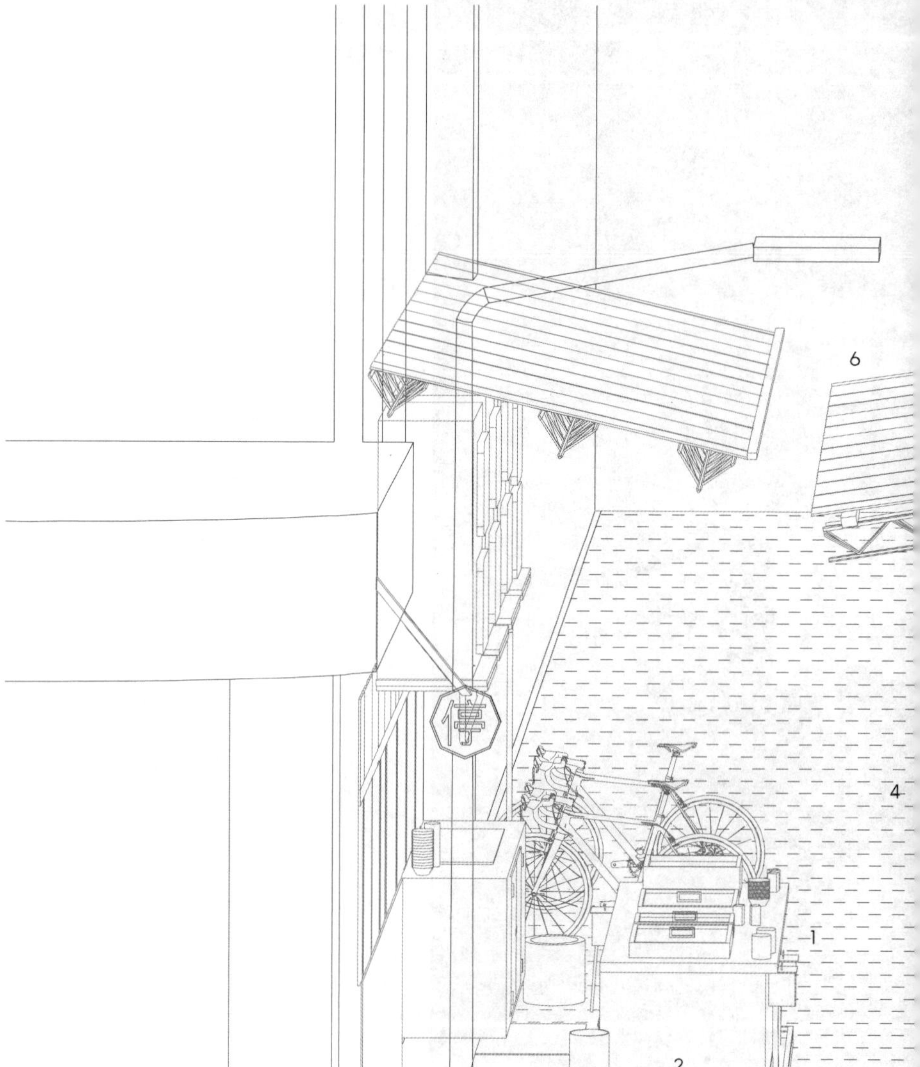

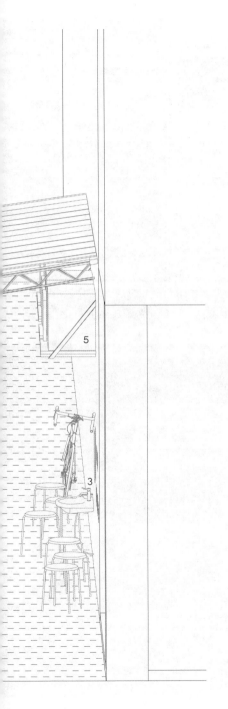

1. 豆花攤
2. 鐵椅
3. 洗手台
4. 巷道
5. 冷氣
6. 雨遮

攤販＋桌椅＋道路線＋雨遮＋住宅

#外溢物件

在這些組構性空間中可以發現，空間若以「量」為度量，則被利用的淋漓盡致，在室內空間極盡填滿的狀態下，將部分的物件組構「外溢」，而空間透過多樣物件的一系列組構，由內至外，再由外而內的呈現「同一性」(王志弘 ,2015)。

拼裝式同一性―植栽＋道路＋慢＋對街住宅

這似乎又是另類的台灣人文地景常態，
透過「物件」的使用，佔用／挪用道路
邊界，以作為住宅需求空間的「擴張外
溢」，往往使用者是對街的家戶。

非官方挪用的臨時性—傢俱＋道路邊界線＋住宅

街道傢俱

這些準備丟棄或載往他處的傢俱「暫時」
的發生於街邊，也因臨時非永久的置放，
使得物件之間構成了一非常態的街邊立
面，將屬於室內的物件外翻出來，暫時
的作為「街道傢俱」。

非官方挪用的臨時性──傢俱＋道路邊界線＋住宅

1. 道路邊界
2. 櫃子
3. 椅子
4. 施工圍籬

非官方挪用的臨時性—傢俱＋道路邊界線＋住宅

07

移動物件

鈺祥帆布
2472-8369

叭哺冰淇淋車＋機車待轉區

超 游移 載體
聲音 / 物件
修理紗窗 紗門 換玻璃
ㄅㄚˇ ㄅㄨ

聲音與節奏所構成的物質性日常。

微小的臨時性顛覆─普力桶＋野薑花＋手推車＋大洋傘＋售價看板＋斑馬線

台灣街道中，常態性的發生由多樣物件
組構出的同一功能性，以此則花販為例：
藉普力桶、陽傘、手推車再加上販售看
板 ... 等等，構成對於同質性的游移式微
型顛覆。

道路移動物件 ＋ 紙箱 ＋ 推車

道路移動物件＋回收物＋裝載

道路移動物件＋推車＋回收物＋裝載

解機構
次系統
微型系統

若名為次系統,意味著與主系統(機構
本體)的共同存在,隨機制與時間交互
作用。

08 one
time
event

#onetimeculture
#next
#action

前後頁兩張照片的內容同時並存於后里
區，透過這樣混雜錯置的地景關係，似
乎又顯影了甚麼。

09 生活
五金行

生活的工業標準化—道路邊界＋五金雜貨＋招牌＋街屋

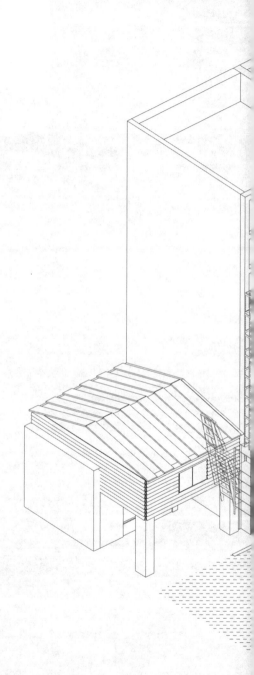

1. 炸雞店
2. 機車停車格
3. 廣告招牌
4. 水槽

道路邊界 + 雜貨 + 招牌 + 街屋

日常
五金行

以快速、經濟、便利的工業生產製品，扁平化
了可能是繁複的、瑣碎的、厚實的日常生活。

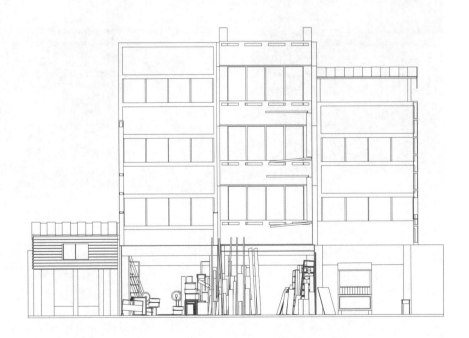

道路邊界＋五金雜貨＋招牌＋機車格＋街屋

都市日常地景複寫：
裝配概念下的非常－常態組構剖析與微型都市技略思維

文 / 曾韋翔

　　本篇章將延續前篇非常普通文化之剖析，嘗試運用裝配概念(Assemblage)，梳理非常—常態組構在物質性交互作用下圖驥的動態變動過程。前篇概述較側重於以 UO 的「型態構成」為起點，初步引用 BOW-WOW Atelier 提出的建築行為學，再藉 Bernard Rudofsky 之《Architecture without Architects》以及開放形式理論的參照，初探非常－常態所再現的人文 / 自然環境交織，並呈現持續介入與反覆調適的動態性構成，開啟本計畫由型態分析轉向「多重性組構」討論，即對於使用者、既有質地、環境條件…等，異質元素之間交互作用的探討。最後，以 Bernard Tschumi 的「敘事空間」透析作為小結，論其以 UO 為軸的微型都市計略潛能。

　　於此篇章，接續前篇所述之人為自然元素、都市常規制度、空間既有質地 ... 等，交互作用之下，ＵＯ組態呈現持續反饋調適 (continuously reaction) 的三元性空間實踐為基底，導入裝配概念：一兼具微觀至巨觀尺度的概念應用，除了解析非常—常態的裝配本質之外，亦試論 UO 作為微型都市「計略」的反叛能動，以及其潛在的都市「技略」[1] 發展，側重於 UO 作為 McFarlane(2011a) 之「社會物質性」(sociomateriality) 的體現以及 Bruno Latour 之「行動者網絡理論」(Actor Network Theory)：人類 (actor) 與非人類 (actant) 行動者，透過網絡 (Network) 之物質性交互作用 (王志弘 ,2015)，與傳統政治經濟體系下的都市發生既曖昧又對峙的混雜都市構成，最後以「技術物」(Winner,1980/2004) 作為演繹，探討公共性「技略」的微型都市場域實踐。本篇除承接上篇剖析之外，意旨在回應下述議題：在同質化都市結構之下，UO 不應歸類為對立於均質的二元性異質，而是挾都市既有質地、常規制度，促發擾動為多重的複層織理，並藉裝配概念為基調，以「即興協作」(improvisation)[2] 的計略 (tatic) 作為實踐，進一步與都市常規系統交織為一具持續變動的多元體。

01
裝配概念下的非常常態組構輪廓與都市多重性勾勒

　　裝配概念發展自德勒茲與瓜塔里 (1980) 在著作《千高原》一書中的概念詞彙：agencement（英譯：assemblage，中譯為：組合、集聚、裝配 ... 等，檢閱：國家教育研究院雙語詞彙、學術名詞暨辭書資訊網)。其指涉狀態並非穩定的，因其異質元素 (人 / 非人) 聯匯組態的開放性，故持續呈現其「臨時性」的集聚整體性，又因新的元素介入或與外部元素的連結，「瓦解」既有元素間交互作用的聯盟關係，「重組」新的鏈結組態，並超越既有，形成非穩態的持續變動組構過程 [3]。(Anderson, B. and McFarlane, C., 2011; McFarlane,2011a,2011b；王志弘 ,2015)。

根據前段概念與上篇概論之照映，初探都市日常生活場域中的「非常 - 常態」（the un-common ordinary）組構，為人與非人物質性 (物件、環境、使用者 ... 等) 之間，持續性交互作用，展現其無以「名 / 明」狀之非穩定變動過程；並接續前篇對於 Bernard Tschumi 的「敘事空間」理論引用，透析其ＵＯ藉「事件 – 空間」的體現，其開放形式容許多元異質元素 (個體、物質性物件、人為活動、常規宰制 / 自然環境條件 ... 等等)，彼此維持各自差異性卻又對等地交匯協商，以調和為無主體且非具體的變動性客體 (趙榕 ,2010)，例如前篇提及的電線桿系列 (圖 9，另詳田調案例第 10 則)，電線桿、盆栽、騎樓柱、道路 ... 彼此「對等」作用，透過個體完成澆花栽種，卻又因道路系統的隱性制約，界定了人為使用柱子和電線桿所工構出來的「花圃」範圍，這些奇異性的組態（或機能與空間形式的錯置），又隨著不確定性的元素加入擾動，產生非預期的形態變化，就如陸橋上的「菜圃」(圖 2/ 圖 10，另詳田調案例第 15 則)，原本透過陸橋上既有都市系統劃設下的常規物件 (水泥墩、消防栓) 作為暫時固定的工構目的，隨著時間變化，似是人為又因其脆弱的材料與構法，隨著時間呈現其形態上的變化。

　　前述其組態透過人 / 非人行動者：身體（人）、彼此異質差異甚至互不相干的物質元素 / 系統 (包含常規都市系統)/ 環境 (非人)... 等等，之間的對等交匯，產生非穩定的中介場域，並促發「多

重敘事」(趙榕 ,2010) 的空間流變，或可提供一裝配概念下的都市質地描繪，其空間實踐意旨與 ANT 所詮釋的都市「多重性（multiplicity）」(王志弘 ,2015)，似乎皆旨在對於固化無新意的都市空間構成，透過無主體的變動性場域，運行顛覆與擾動 [4]。著眼於「多重敘事」空間文本，與 ANT 所倡導的都市應為「多重客體」的構成 (王志弘 ,2015；廖昱凱、曾于珊 ,2018)，亦似有一線之聯。鑑此，直觀台灣現行政治經

圖 8. 筆者認為，后里花博即是一個值得思考的反例，短期的官方展策凌駕於根深的地方性即既有區域質地之上，產生不對等及可分辨的主次的空間元素構成，標準的政治經濟導向，將在地性日常架空。(詳見田調案例 08)

1. 前篇文章所提的「都市計略」，較似由德塞圖的日常生活中上有政策，下有對策的「戰術」觀點。有別於此，本篇章在後段將轉化這樣的「計略」論點，藉由「技術物、社會物質性 ... 等」思維，指涉都市「技略」思維。

2.McFarlane, C. (2011b)，Learning the City. Chicester, United Kingdom: John Wiley and Sons Ltd Press.,chapter 2 (McFarlane ,2011)

3.Anderson, B. and McFarlane C. (2011)，Assemblage and geography. Area 43(2): 124—27. 其內文亦詮釋裝配概念下的臨時性過程為一持續執行「解領域 (de—territorialization) 後再領域化 (re—territorialization)」的流變 (becoming) 狀態。

濟操作手段下之規劃方針，都市透過由上至下的功能性區位劃分、空間類別化及機能量化的建築操作、趨向經濟活動的配置架構…等（圖8），將日常生活中的真實性與複雜予以同質化與量化。然而，透過 ANT 所描繪的都市構成，應為人/非人物件行動者 (actant) 構成一彼此異質差異但對等無主從的「客體」交匯網絡 (network)，產生能動性 (agency)，使得都市呈現為非均質且持續變動的非穩態流變 (王志弘,2015)[4]。

02

台灣都市地景的物質性複寫

裝配概念下的都市構成思維，以行動者網絡理論 (ANT)，點出網絡 (Network) 概念以說明人類和非人類（human/nonhuman）行動者 (actor/actant) 的交匯場域，其物質之間的彼此差異卻對等的關係，促成其抵斥交融，亦持續對外部物件開放介入的流變過程，以非穩態客體之姿勾勒都市構成的多重可能性。承如上述，似可透過裝配概念離析 UO 的動態組構質地：經由人/非人行動者的物質性拼裝，以回應日常行動的真實性實踐，挾既有都市系統、人為—物件協作調適、自然環境應對與組構的材料性反饋…等，「物質性」之間的差異抵斥—交互協調—協同融合，隨著時間交織出多重變異的空間實踐，以「逆反擾動」政治經濟體系下的固化都市空間與鈍化的身體經驗 (McFarlane,2011a; 王志弘,2015; 廖昱凱、曾于珊,2018)。

因此，裝配概念除了在本質上協助 UO 的釐清之外，或能顯影台灣都市地景的非線性樣貌：當前台灣都市規劃型態，無論過往或現正進行之大規模土項目似仍維持政治經濟導向的常規系統，然而，如 McFarlane（2011a）所述，裝配概念並非企圖在傳統規劃方針下提出另一種替代方案或抗辯，而是借重裝配概念，以釐析都市為一種多層次且持續建構的過程性 (processuality) 轉化 (transformation)，且以非特定型態呈現的流變體，亦不是均質轉譯下的「結果性型態」(resultant formation)[5]。承上，非常 - 常態涵構應可深化為裝配概念的指涉，其並非都市中獨立特異的日常紋理或機制，而是與既有都市結構融合衍異下，藉由人/非人行動者的多重物質性協作為「複層渾厚」的都市體系，拼裝為「社會 – 技術 – 物質」（廖昱凱、曾于珊,2018）的複雜驅動 [6]。

the material geography of informal appropriation

McFarlane（2011a）於 <Assemblage and critical urbanism> 一文中，透過「社會物質性」(sociomateriality)[7] 作為顯影劑，顯其政治經濟方針下，都市不均 (urban inequality) 的長期瘀態，亦於《Learning The City》一書開端，藉由孟買、巴西幾處由個體自發性、即興式的材料性構築，作為「漸增式都市型態」(incremental urbanism)(McFarlane,2011b) 的探討：藉由物質

性的鏈結人與都市環境以及人與物件材料 ... 等 [2]，上述行動者 (actant) 間的差異、調和與協商作用下的本質性超越，呈現一具時間 - 空間的轉化實踐過程，進而體現都市多重且多元可能性的拼裝促發，亦體現 McFarlane(2011b) 之「社會 - 物質 / 都市 - 物質」之裝配能動，並藉下段文字作為釋例演繹。

"Materialities function as actants" –《Learning the City》, Colin McFarlane (2011)

引用 McFarlane（2011b）以巴西聖保羅市一處房屋作為前述釋義與延伸：該住屋空間的主人，每日經由海岸搜集了許多由海面沖刷上岸的塑膠片、破鞋、鐵片、玩具、馬克杯…等等，這些「日常取得的材料與物件」搭建牆壁、拱門以及屋頂。藉由這樣的組構，除了看似奇異之外，透過經年累月的「漸增式拼組」(incremental assembly) 過程 [2]，除了閱讀到材料或物件之間被以非預期的方式組合之外，其異質性物件由原先彼此無關，漸而因拼裝接合，促發物件各自調整、彼此連結的交互協商下的共構過程，物件亦超越各自既有功能與本質。又因其組態的開放性容許與外部物件的介入與漸增，致使組態持續呈現一非穩定且臨時性的聯盟，亦即內部因外部鏈結，使得既有組態進行瓦解又再度重整調適的反覆乍現，其異質性物件間的匯聚 - 抵斥 - 重組鏈結 - 超越，促成不穩定的拼裝組態，亦洞見其概念應用於都市再定義的多重可能性 [8]。

圖 09. 道路系統、電線桿、騎樓柱、人、植物、盆栽、澆花器 ... 等，異質元素的對等協作構成。

4. 王志弘教授於 <拼裝都市論與都市政治經濟學之辯 >，援引 Ignacio Farias 於《都市拼裝體》中對於政治經濟體系為導向的都市缺失批判。(王志弘 2015，拼裝都市論與都市政治經濟學之辯 [The Debate between Assemblage Urbanism and Urban Political Economy]。地理研究，62：109—22。)

5.McFarlane, C. (2011a)，Assemblage and critical urbanism. City: Analysis of Urban Trends, Culture, Theory, Policy, Action, 15(2): 204—224.

6.< 城市作為一台拼裝車：裝配都市主義如何組裝城市？>，其中小節「行動者網絡理論視角下的都市研究」(廖昱凱、曾于珊 ,2018)

7.「社會物質性」一詞源自王志弘教授 (2015) 於 <拼裝都市論與都市政治經濟學之辯 > 一文中對於 "sociomateriality" 的詮釋。

8.McFarlane, C. (2011b)，Learning the City. Chicester, United Kingdom: John Wiley and Sons Ltd Press.,pp.33~36

另以本計劃田調觀察對象中的「陸橋側—河堤—菜圃」為例（圖10，田調案例第15則），被挪用(appropriate)的橋樑物件（水泥橋墩、路燈、消防栓）與外部補綴的木料板材、鐵件…等，以及個體自河堤取水澆灌、栽種...等的物質性技術與物件行動者，匯聚協作為概稱的「菜圃」，其中的物件各自暫時脫離原本機能並因交互作用而轉化並超越各自本質或功能，亦使得彼此無關聯的物件與物件之間達成協（商）調（適）共構下的「技術」能動，例如：消防栓轉化為綁定木構的基礎固定物件、河水河道透過灌溉技術操作轉化為滋養資源。

承上，端見組構中異質行動者透過物質性交互作用所下，除了內部協商、超越的動態過程之外，亦致力於與外部物件聯匯下的非線性瓦解－裝配過程，衍生其裝配組構在都市場域中，與外部的偶發性拼裝，呈現非固化且持續促發新意的都市流變體(McFarlane,2011a、2011b)。故前述「菜圃」案例，並非線性的個體－菜圃之間的化約性階層關係，而是內外持續交錯介入自然的、人為的、技術的...等，多重擾動並與既有空間物件質地，協作為一股微型卻強韌的能動性。此外，亦點出下一段欲探討的「技術物」[9]，在協作動員中的不可或缺性，顛覆以往總是以人為主導的空間社會性觀點。回顧菜圃一例，除了人類行動者外，陸橋、板材（作為菜架）、路燈與水泥墩（綁固菜架）、河道（灌溉水源處）...等，非人行動者的參與，亦顯其交互網絡間，技術物的重要媒作。

此外，綜觀建築設計在台灣都市環境的普遍狀態，似乎「工業模式」化了人類活動，並優先常規都市化、制度化，僅將外部事物及環境做為設計發展上的次要參生產參酌，在如此非對等對話之下，「建築」一詞似乎被簡易定義為「建造及硬體配設」流程。透過ANT及McFarlane(2011b)的論述，或能更積極的將「人類－物質－環境」(people-materials-environment)對等交織為網絡，如同前篇Yoshiharu Tsukamoto(2010)之建築行為學三類別：「人類－自然－建造物（human being-natural elements-buildings）」(Steven Chodoriwsky譯,2010)，彼此無等級之分，並透過交互作用以建構時空間-時間實踐，而非將建造的「過程」簡化為外殼與空間量的兌換，並回應前篇所述之「建築過程的還原性」，或可透過裝配概念，定義為多元多樣物質性拼裝的繁複且可持續性的溝通協商過程，以反襯經濟效率至上的建築工構流程。

03

非常常態組構之「都市技略」衍生：都市物質—抗性行動者

回顧第02節開端，透過裝配概念顯影UO本質中，其融合常規衍伸異質的組態，與現代性都市社會體系，交互作用為「顛覆能動」，作為本段進一步指涉「微型都市計略」的初步

參照：即轉化 UO 對於均質系統的「抗性擾動」為一具社會性的計略謀劃，透過公共性的行動實踐，與既有政治經濟框架協商交織為變動性日常生活實踐，型塑一股「勢微卻強韌」的能動性網絡，驅動社會性實踐進而超越、進而改變。

接續前節透過陸橋菜圃為例的文本討論，該組構透過多樣的技術性物件匯聚協商與物質性轉化，達成超越技術物件各自本身的物質性功能，在都市場域中與使用者能動為一異質性拼裝，形塑一顛覆常規之能動。鑑此，本節意旨在探討其「顛覆性能動」透過更具體的「都市計略」謀劃，以轉化（transformation）其匿行於都市空間中的顛覆能動，蛻變為更具社會真實性的日常生活實踐，體現「社會技術聯匯」（sociotechnical networking）[10] 的拼裝概念演繹。

因此，透過「都市物質性 (urban materialities)」(McFarlane,2011b; 王志弘 ,2015; 廖昱凱、曾于珊 ,2018) 的思維梳理以及本計畫多樣田調觀察紀錄，於本節似可更清晰的轉化「非常 – 常態」組構中，藉「技術物」(artifact) 與都市社會場域拼裝為非穩態的「抗性 (resistance)」(McFarlane,2011a) 能動過程，滲透於稀鬆慣常的日常生活實踐之中，對於都市生活的身體經驗、均質的城鄉紋理，UO 或可作為都市社會構成中的另類空間實踐，即透過「社會物質」，由下而上地運行擾動性計略 (tactic)，以顛覆常規制度下的典型空間規劃及坐困愁城的慣性身體經驗，促發新意的都市日常生活實踐 (McFarlane,2011a; 王志弘 ,2015; 廖昱凱、曾于珊 ,2018)。

圖 10. 陸橋側一河堤一菜圃

9. Winner, Langdon(2004)，技術物有政治性嗎？（方俊育、林崇熙譯，林崇熙校訂）。載於吳嘉苓、傅大為、雷祥麟（編譯）《科技渴望社會》。台北：群學，頁 123-150。（原著出版年：1980)

10.McFarlane, C. (2011b)，Learning the City. Chicester, United Kingdom: John Wiley and Sons Ltd Press, pp.23~24。

以加拿大建築中心 (CCA) 製作的 Tools for Actions 網站為例 [11]，裡面羅列了 99 種以上在都市生活中稀鬆平常的物件，並透過民眾活動與物質性網絡連結，產生對於都市正向擾動的空間計略行動，以「油漆」為例，在部分中美洲國家，足球為大人小孩間流行的運動，透過公益社會組織的介入，在一些生活品質較為次級的社區剩餘空間中，以「油漆」畫設足球場標線，提供孩童的球場之餘，也熱絡當地居民之間的互動及空間公共性的激活 (activation)，並促發一連串對於社區共好的可持續性 (sustainability) 思維。又如英國 2015 透 納 獎 (Turner Prize) 得 主 Assemble，即興的再利用暫停營業的加油站（案名：The Cineroleum），並再利用簡易操作且二手（或低成本）工業材料、混凝土模板木料…等，轉化為「電影院」的簾子、椅子…等，透過活動策劃，將群眾活動、電影節目、物質性物件…等，在既有都市社會架構下，拼裝為一良善擾動。

非常—常態組構的技略思維 – 都市共好生活的積極技術物

每個個體在日常生活中，必然經驗透過「工具」或某項具備功能的「物件」，以完成目的性動作。然而，我們常說「我在吃飯」，卻鮮少說我用「筷子」吃飯，這也意味著，要完成吃飯這個「日常需求」，可能必須藉由筷子或者其他可協助完成這個目的的「技術物」以及個體的「身體」來實踐「行動」完成「動作」

的過程，更如本計畫田調中那些混雜的路邊自構築、或者小攤車，必然裝配著為達到功能性的技術物，例如：大洋傘、小推車、帆布…等，以「非人類行動者」的協作角色，與人類行為、既有質地條件…等，調適協作為共構場域。然而，在這個快速變遷與資訊流動的時代下，技術物的意義似乎已不僅停留在滿足「個體行動者」需求性或生理上的目的完成，或許在這個現代社會下的當務之急，我們更應進一步提問及面向「群體行動者」的是：「技術物有公共性嗎？」又或者，在 COVID–19 爆發的「後疫情時代」，如何讓技術物更具面向社會（甚至是醫療防疫）的公共性，以作為共好生活的「技略行動 (action)」思維。

技術物在日常生活中稀鬆常見，甚至以技術物轉化為社會網絡中的抗性實踐。McFarlane(2011a) 在談論「都市物質性」(urban materialities) 如何發揮在都市中的抗性擾動 (urban resistance) 時，就以孟買民眾社會運動為例，市民集體塞入火車票，癱瘓公共電話以爭取政府對於社會不均的面對與處置 [12]。然而，本計畫更積極地將技術物轉化為都市中的公共性實踐，如前段 CCA Action 與 Assemble 兩個例子，其中的油漆、椅子、電影院、加油站…等等，即揭示了「技術物」在日常生活中的社會物質性轉化，轉化為公共性及具體的正向行動實踐。

總結：從「計略」到「技略」

　　本計畫透過「非常—常態（the uncommon ordinary）組構的田野觀察與分析，衍伸都市計略的多樣輪廓，企圖轉化為行動(action)實踐的可能性。於論述開端即引用德塞圖的日常生活實踐理論中，對均質化的都市常規系統，提出因應制宜的「計略」(tactic)性日常顛覆，並透過一連串本質性的探究，漸漸梳理複雜的都市地景中，所謂非常—常態的「混雜狀態」，不單因「人」而「異」的行為使用，亦因「地」制宜的受既有質地(existing quality)中的自然條件及物質性介入，延伸援引ＡＮＴ所述，即人類/非人類的物質互動網絡中，由異質協商至並融調適的動員運作過程。

　　再藉McFarlane(2011a,2011b)及王志弘（2015）的裝配(Assemblage)概念論述，本文企圖輪廓「非常—常態」為一消融常規衍伸異質的「持續性變動過程」，由物質性交互作用到都市計略衍生，以體現都市作為拼裝體的非穩態流變：異質性行動者之間透過交互作用、協商轉化後的內部協作，並同時與外部行動者的持續鏈結介入，促發內部瓦解，並進行協商調適的聯匯過程，呈現不斷重構的物質性拼裝網絡，並轉化為「社會物質性」(sociomateriality)的擾動性日常行動，根莖式的潛行於街道巷弄，作為微小卻影響力大的公共性場域實踐。

　　最後，透過上述各面向分析與解構，文末以「都市物質性」(urban materialities)[12]的指涉及邁向公共性良善的技術物初探，意旨在藉由日常生活中常見的材料、物件…等，轉化為「社會－技術－物質」（廖昱凱、曾于珊,2018）的網絡性鏈結，並以「都市技略」的發展可能性作為總結，探究微型且游擊式的都市公共新型態。

11.CCA Tools for Actions (https://www.cca.qc.ca/actions/)

12.
(1)McFarlane, C. (2011a)，Assemblage and critical urbanism. City: Analysis of Urban Trends, Culture, Theory, Policy, Action, 15(2): 204－224.
(2) 廖昱凱、曾于珊 (2018)，城市作為一台拼裝車：裝配都市主義如何組裝城市？。檢自 https://www.geog—daily.org/geogconcepts/3316370 （12 Jun., 2020)

10

電
線
桿

電線桿＋尼龍繩＋鐵桿＋衣服

官方與非官方的共構關係──電線桿＋鐵桿＋衣架＋衣服＋盆栽

電線桿是日常生活中街道常見的物件，隨著道路配置，同時鏈接建築物的供電與設備，由於尺寸及穩固性，在一層樓高度內的端部常被以X-Y-Z，三個軸向來利用。

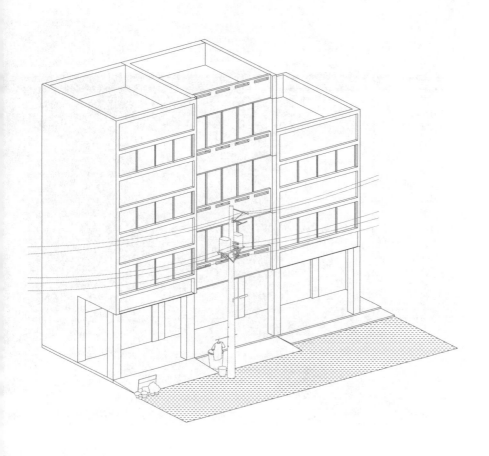

電線桿＋鐵絲＋盆栽

官方與非官方的共構關係——電線桿＋鐵絲＋廣告＋電線

有趣的部份在於官方與非官方
物件之間的共構關係，也隨著時
間-空間-掛附物件之間的不同，
使得電線桿這個街道元素處於
「未完成」的狀態。

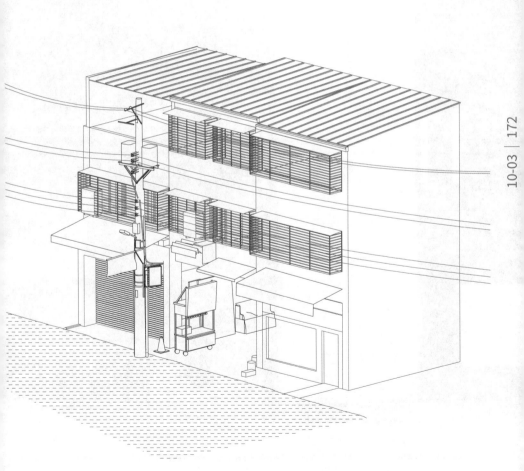

騎樓柱＋推車＋販售活動＋騎樓＋人行道

騎樓柱＋招牌＋檯面＋維修物件＋塑膠椅＋木桌＋消防箱

極小化
去機構化
components
物件
最小值的最大化

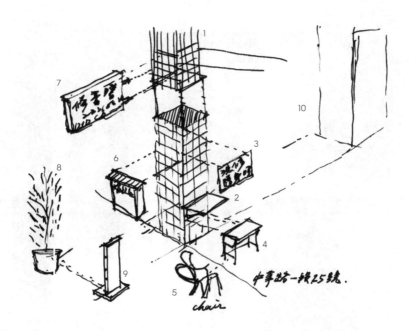

To utilize the existing quality and components such as column, and informally appropriate overhang of storefront. It typically parasitical attachs on a column or plugs in urban gap space.

To maximize the minimal space, it usually built by fragile connection or joint and composed by variable materials and components.

1. 騎樓柱
2. 折疊工作桌板
3. 廣告看板
4. 小木桌
5. 塑膠椅
6. 消防物品
7. 廣告招牌
8. 盆栽
9. 廣告立牌
10. 影視音響店

挪用／極小化／去機構化──騎樓柱＋刻字機＋電腦＋鐵櫃＋桌子＋椅子＋銀行

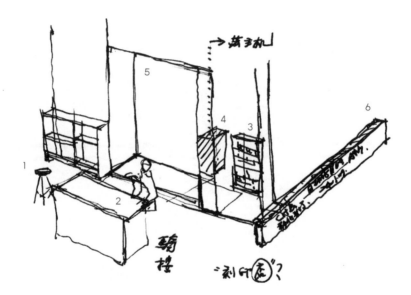

1. 高腳椅
2. 工作台
3. 印章展示櫃
4. 電腦主機
5. 廣告帆布
6. 銀行廣告燈箱

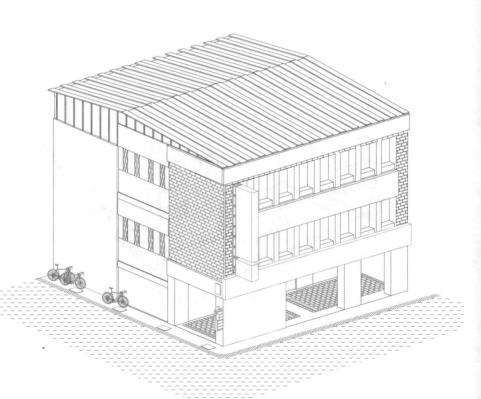

挪用／極小化／去機構化——騎樓柱＋刻字機＋電腦＋鐵櫃＋桌子＋椅子＋銀行

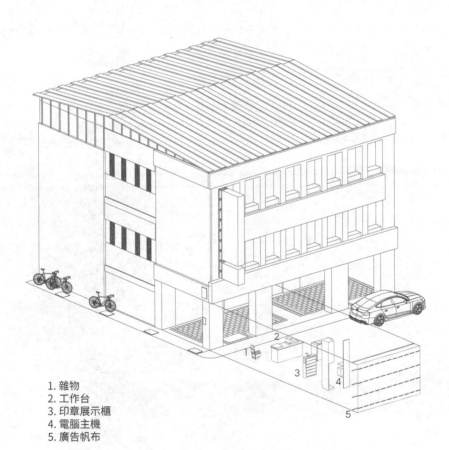

1. 雜物
2. 工作台
3. 印章展示櫃
4. 電腦主機
5. 廣告帆布

12

大
陽
傘

大陽傘＋電線桿＋攤販＋販賣活動＋農會

界定領域 裝載活動—大陽傘＋電線桿＋攤販＋販賣活動＋農會

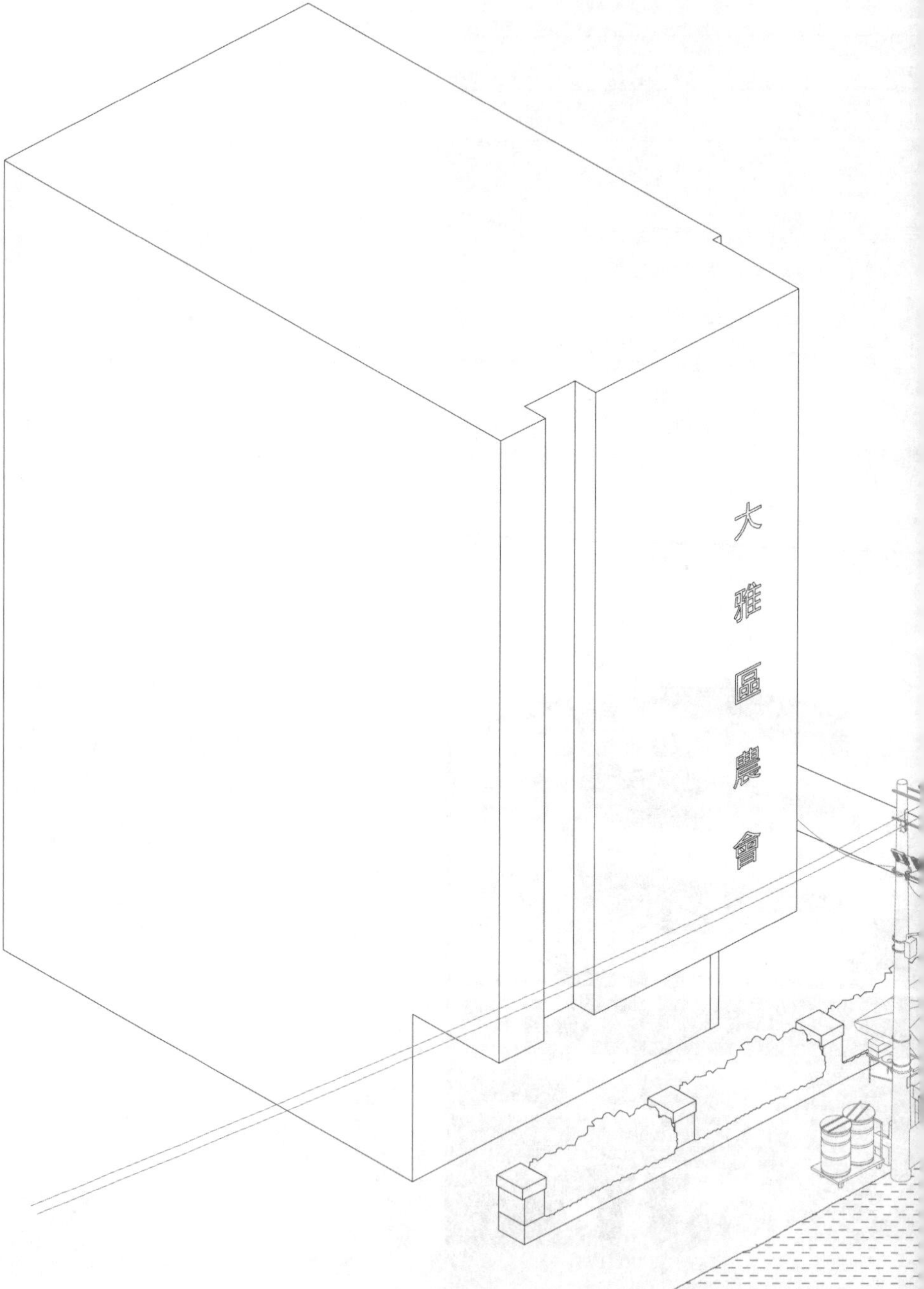

大雅區農會

#livedstandard

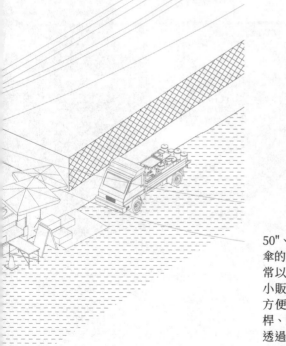

50"、60"、65"、70"、80 ″、90 ″是大陽
傘的標準工業化尺寸。台灣的街道攤販,
常以大陽傘張揚後的尺寸為模矩,成為
小販經營的基本單元,亦隨著其收納的
方便性,在收合之間與街道元素(電線
桿、路燈、人行道 ...)、建築物...等等,
透過並置、錯置的交互作用關係,形成
多重街道景象之 一。

大陽傘＋電線桿＋鐵桿＋衣服＋雜物＋推車—道路標線＋大陽傘＋椅子＋招牌店面

橋欄杆＋大陽傘＋攤販＋廣告招牌

拼裝概念
最小值極大化

除了街道元素，透過陽傘張揚，在標準
尺寸下容納彼此異質的物件亦是拼裝概
念的體現。常見路邊攤販，除了攤車以
外，藉由塑膠椅、大陽傘，以及非攤販
自備的「外部物件」，例如：車擋拒馬、
道路標線、橋墩…等等，共同組構出混
雜卻又似相互協調下的「動態過程」
(McFarlane,2011a; 王志弘 ,2015)。

道路＋機車格＋大陽傘＋攤販＋人行道＋學校圍牆

信當鋪
汽車·機車
珠寶·名錶
利息最低
2314-4588
當
健康滷味
事故處理服務中心
健康滷味
代標
法拍屋
台灣房屋
2316-2233
台灣房屋
水

街道游移載具──裝載＋固定元件＋商品＋小發財

商品＋展示收納空間＋小發財＋小學校＋道路邊界

小發財＋陽傘＋餐廚物件＋塑膠椅＋道路邊界＋騎樓

移動載具
小發財
攤車
plug-in
插件
極小值的極大化

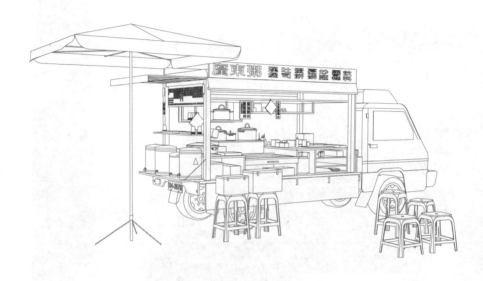

游移在街道的載具能夠緊湊的善用載具
上有限的空間（作為早餐車、水果攤車…
等）。並如插件般，暫時性且固定時段
的 plug-in 於街道騎樓，挪用街道空間
作為臨時的空間擴充，發生消費行為。

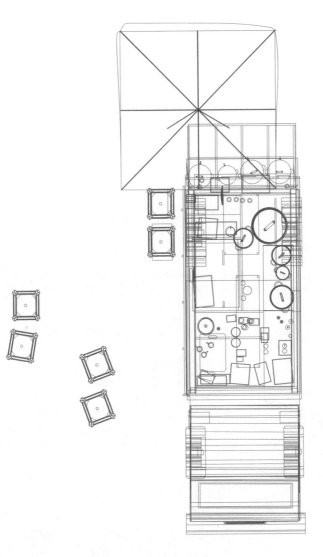

利用街道作為空間擴充—小發財＋道路邊界＋騎樓＋椅子

1. 道路邊界
2. 大洋傘
3. 小發財
4. 塑膠椅
5. 牌坊

利用街道作為空間擴充──小發財＋道路邊界＋騎樓＋椅子

14

便利商店

解機構—桌＋椅＋洋傘＋招牌

次系統存在的必要性，與主系統（較為
主體的機構性的）似有交互作用關係，
是整體都市社會體系中無可或缺的隱性
協商。

15

自構築

懂得用自己的工具找

讓人生的精采走入書頁
開啟跨時空的驚奇旅程

塑膠桶＋洗衣機＋收音機＋瓦斯桶＋水泥＋木角料＋帆布＋道路邊界

自 構築
to-act-to-react

對於場所既有質地 (the existing quality) 的忠實反應 (reaction) , 並似可期待對於既有空間質地與 (直接) 使用下透過物件之間，連續的、來回的調適協作過程。以滿足個體需求為主要目標。

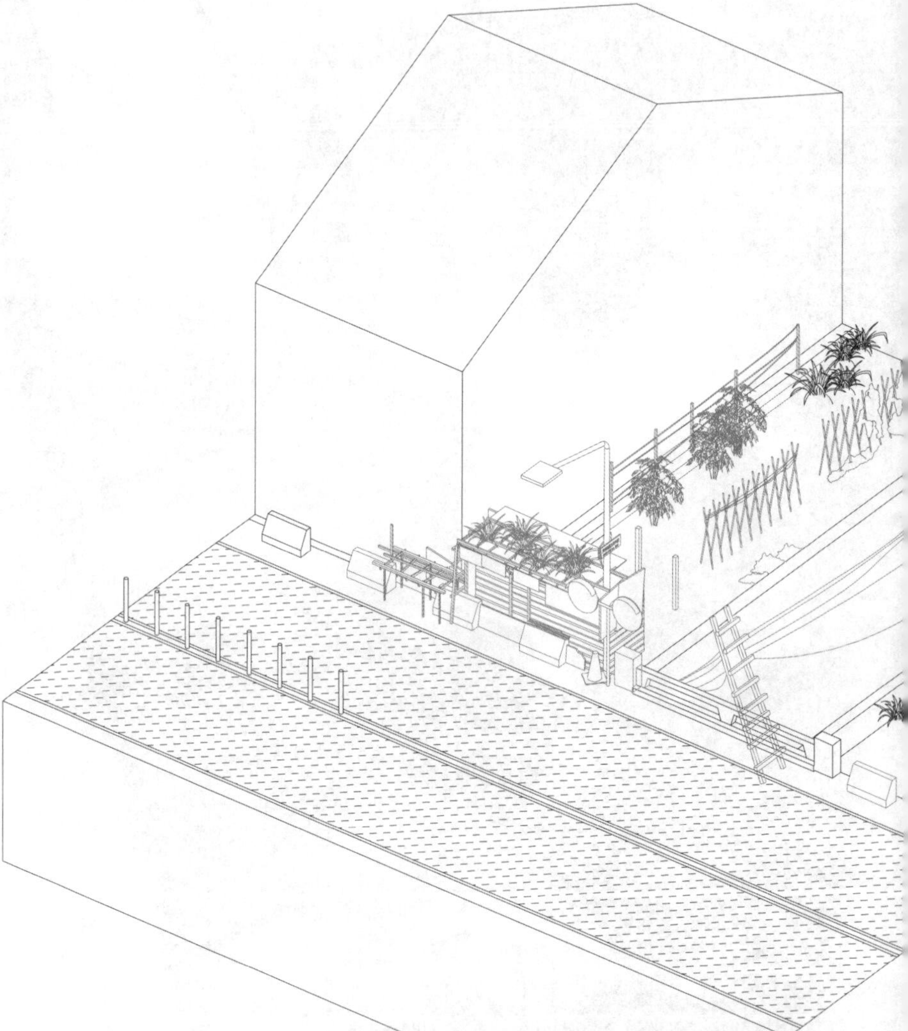

formal-informal appropriation — 木板＋浪板＋角料＋消防栓＋陸橋墩＋道路邊界

#incorporation
#formal
#informal
#fragile
#construction
#material
#rearrangement

formal-informal appropriation ─ 木板＋浪板＋角料＋消防栓＋陸橋墩＋道路邊界

formal-informal appropriation — 木板＋浪板＋角料＋消防栓＋陸橋墩＋道路邊界

formal-informal appropriation —— 木板＋浪板＋角料＋消防栓＋陸橋墩＋道路邊界

#timebased
時間之矢

時間理當應被考慮，當時間加入空間實
踐之時，或可論及耗散結構理論中，遠
離平衡之開放系統，進而論其無序亦或
有序。

角料＋水泥基座＋浪板＋自助商店看板＋畸零地＋道路邊界

角料＋水泥基座＋浪板＋自助商店看板＋畸零地＋道路邊界

城中的溝通語言

文／李　舲

『沒有關係，就沒有空間，因為只有透過由一組物品間的相互關係及它們在這個新的結構中對功能的超越，才能打開、喚出、標出節奏、擴大空間，並同時使空間因此存在。就某種角度而言，空間才是物的真正自由，而功能只是他的形式上自由。』

——Jean Baudrillard (1968/2018)
《物體系》

00

2017年初春從挪威飛到印度艾哈邁達巴德（Ahmedabad）進行基地調查。在那近乎一個月時間的密集走訪，其中一組物件組合體，其背後運作邏輯的發現特別使我興奮：（如圖）基本的核心物件：一個倒置（錫製）水杯、一塊方形（木）蓋板和一個（大的藍色塑膠或中型陶製）水桶。

這樣的物件組合在艾哈邁達巴德的路邊時常可以發現，公共水龍頭（洗手台）旁、小車攤邊，或是市集街區的入口角落等，都有它們的身影。一開始單純因為其『水』的性格似乎貫串其中而特別在意它們，直到某次意外撞見有個當地人過了馬路，取了杯子，拿下蓋板，把杯子探入水桶舀了杯水起來喝，之後再將蓋板蓋回去，杯子倒置回蓋板上，擦擦嘴離開。

如同解開一種新發現文字的其中幾個字符意義一般，一個屬於城中溝通文本的句子突然開始讀得懂：看到的不再是三個放在一起的物件，而是一個符號。其運作模式類似 WC 或是一男一女並置的 logo 代表著洗手間，它蘊藏的語言意義在跟懂這個符號的人說：『請用水（茶）。』（一廂情願覺得在印度看到奉茶文化。）而以此為延伸，當這個溝通語言被建立之後，它的空間性也開始被沿展：這樣的符號通常會伴隨遮陰處一同出現，無論是一片簡單、倚著牆的遮陽板，或是一棵行道樹。

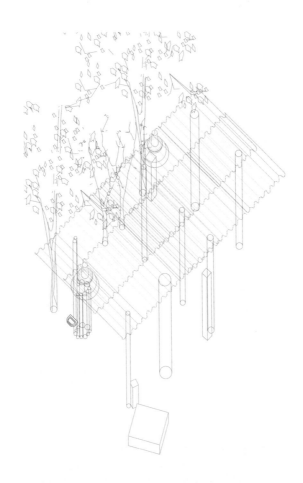

『對觀察者而言，被觀察者的身份乃是他最直接的表達場域。……周遭世界的觀察者可以在一個單一的、未分割的關注中，掌握到「製造品」的產生以及他人意識體驗的構成。對意識體驗的構成而言，這些製品乃是證明，因為他人的意識體驗及流程與觀察者對他的談話及姿態的詮釋在同一時間進行著。』

『共同世界並非以直接的形式呈現給觀察者，而只能在間接的經驗中被接近，而自我也只能把共同世界之他我當作一種類型去加以理解。日常生活裡理念型的建構，也就是對被設定為類型的、不變的要素的選取，完全取決於觀察者進行詮釋時的當下情境與觀點。』

——Alfred Schutz (1932/2012)
《社會世界的意義構成》

這次的研究計畫，我們從幾張台灣街頭照片的討論開始，其內容沒有什麼美麗景象或是獨特亮點，就是那些我們日常走在街上，因為太習以為常而連看都不會看一眼的，（生）活動（態）的痕跡。這些痕跡、這些台灣『生活意象』的記錄近日開始蓬勃，例如市場、街道、加蓋等『所謂有機』的風景，在都市、建築、文學、藝術等面向切入的討論開始廣泛地出現在生活當中。我們則就現象學『同一個事實可以由多重的方式來表達』的立場，也試著從不同的角度『表達』我們所生活的空間。

01

溝通觀點＿（街道）傢俱語言

文字或語言某種程度可以說是透過抽象化／簡化的過程來幫助理解並溝通我們的所見，例如我們會用『樹』概括各種尺度、型態、顏色、種類等等『定義上的樹』，當這個概念被說出，並在腦中形成時候，每個人大約都可以抓到一個相去不遠的溝通目標，但沒有人想像的是相同的一棵樹。

從這樣的一個想法開始，實驗性的用幾次不同細節程度的輪廓線框選拍攝的照片內容，然後以名詞來『理解』照片中讀到的訊息。隨後把底圖照片抽離，重新用寫下來的文字以 google 圖像搜尋出來的第一張圖進行拼貼再現（註 1）（附錄 1）。這個作法一開始的目的之一，是想看平常我們所用以溝通想法的語言，其精確程度。另外也想藉著圖像再現的方式說明，每個人都是用自己的『主觀意識』在理解周遭的『客觀』環境。同樣的一個空間，甚至相同的一張照片（註 2），我們都可以『讀到』截然不同的訊息。

另一個溝通的觀點則來自於建築領域中，平面圖、剖、立面圖即是一種語言，透過這個圖像語言來溝通如配置、結構系統、動線模式等建築邏輯。但除了這種理性而精確的語言之外，我們常以『傢俱』來幫助想像生活在其中

的動態及使用模式。例如一張床，它所傳達的訊息除了尺寸與房間用途之外，也同時暗示出這個空間大約會在夜晚到隔天早上被長時間佔用、它的周圍可能會在某個時刻被衣服堆滿、它可能偶爾會變成低矮的座椅，搭配角落的檯燈一起變成夜間的舒適閱讀空間；或是一張擺放在窗邊、比一般尺寸顯得更大一些的工作桌，它具體化出擁有者的工作型態和動態時程。像是 Eliot Elisofon 1952 年的攝影作品 Marcel Duchamp Descends a Staircase 裡面那道不變穩定的樓梯，其早已暗示了人體一連串與之相呼應的動態動作。

上述對於『傢俱語言』的初步定義，是貫串整個接下來論述的核心概念。不過首先先再回到台灣日常生活街道。如同前面快速提到的『所謂有機』風景，很多時候大概都開始於一、兩個（我們以為）『屬室內』的傢俱被外翻出來，放置到室外。於此，想將這一個『外（翻）顯』行為，與舒茨（Alfred Schütz，1899-1959）的《社會世界的意義構成》的基本論題（註3）作類比性的對照討論。

舒茨在此著作當中，從最個人的意識形態開始定義起，逐漸拉廣，試著釐清人類行動和實在的意義結構之間的關聯（《社會世界的意義構成》譯者導論，p.ix）。簡單來說，人的行動可以只是內在的，例如思考行為。但當他開始有包含身體的、用『客觀』組織的語言與外在世界開始『有關』的行動時候，才是

所謂的實質行動。而人的實質行動，基本上會以『有對象』為前提，試著用一個『對方可以接收且懂』的方式去做溝通。這也就是為什麼被外翻到家門外的傢俱引起我們關注的原因：它們成為一種溝通的語言。話語的發聲者，透過它們將對話的時空拉大拉廣，去告訴話語的接收者：『欸，這是我家，請不要亂停車。』

註1：研究計畫的過程當中，有機會讓其他人玩這樣的轉譯遊戲，以兩到三個人為單位進行，第一個人拍照，第二個人拿第一個人的照片進行圖像文字化，而第三個人在不知道原始照片的情況之下，試著從文字下手，拼貼回照片的內容。這邊對遊戲規則有做些許改變：自己試驗時為求『客觀』，所以『只能使用 google 演算法下的第一張為拼貼圖片』來做『再現』。但由兩個以上的人玩這個遊戲時候，因為另一個人沒有原始照片的印象，因此可以自由針對文字去圖像的搜尋採用。

註2：照片在整個研究計畫中扮演的角色，是從包含了時間概念的空間，擷取出一個，或一系列，二維的影像。其本身既可說是客觀的紀錄，亦可解讀為主觀的鎖定及排除。

註3：譯者游淙祺於導論中介紹舒茨在《社會世界的意義構成》中，透過人的交互行動進而形成的社會實在意義構成，來重建此理解。其基本的論題為歸結於『實在的人及其行動上的意義』，形成自該行動本身，亦即得自與對象和互動夥伴之間的交往，即從中得以形成表達的關涉性，於是任何社會世界的意義詮釋都是『實踐取向』的。

直接了當的白話文：『請勿停車。』

意思直接但不失委婉的：『請不要停車
在我家門口。』

表示禁止停車的同時閒話家常起天氣。

像是要表達禁止停車的意圖，但言詞閃
爍可能造成誤解。

語氣委婉到某個程度後，不是不被察覺
其真實本意，就是容易被刻意無視。

02

空間文法

　　在更進一步論述這個用『物』進行
的溝通之前，我們先稍微往回拉一些，
從『領域界定』（偏向於個人的疆界設
定，尚未開始與外界進行對話的時期）
開始。在《建築：造型、空間與秩序》中，
有頗大量的內容回歸到幾乎可說是最本
質的建築語彙去談論空間界定：點、線、
面。從平面圖上來看，柱如同一個點；
牆可以是一條線；而地板的高差或是屋
頂的投影虛線，則視為面。當在建築領
域中太熟悉柱、牆、樓板等等建築元素
本身，無論是它們的結構性、空間的實
質作用或是構法、材料等等時候，有時
候幾乎會忘記它們『自身』在空間中，
即能扮演多麼有力道的角色。

　　但這樣的空間基本構成理論，卻在
我們生活的街道上，被淋漓盡致地實踐
著。下面點線面的例子，無論是因地制
宜的借力使力，或是主動插出那界定、
宣稱的旗幟，講述的都是一種『街道公
共空間』的語法或格式。是在『進行實
際溝通』前的前提架構，一旦使用這樣
的語法，原則上即開始有意識地在重新
界定空間歸屬及用途。後續越顯複雜的
溝通模式與空間，基本上都是以此為基
底在運作。

線 　　　　　　　　　　面

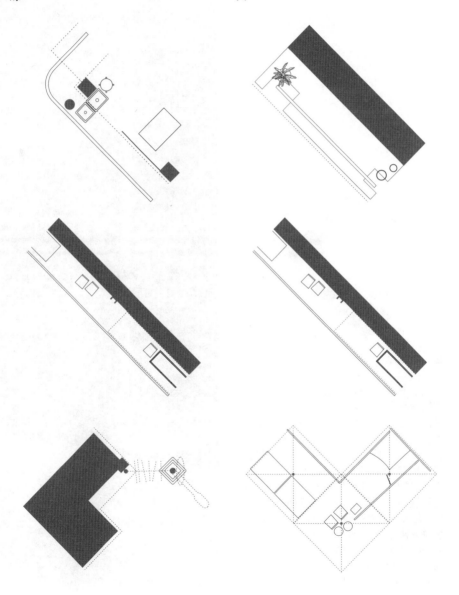

點＿電線桿

　　在電氣地下化的計劃之下，電線桿
開始悄悄消失在我們的生活周遭，不過
在例如舊火車站周圍，歷史較悠久的小
街道社區等，仍隨處可看見它們的身影。
在平面圖上看，他們大概就是一個兀自
獨立於房舍牆邊、道路鋪面角落、或是
騎樓終端的一個小句點。然而他也最常
是沿展出空間時所踏出的強而有力的一
點。它可能成為第一進大門的入口意象、
透過一根細細的曬衣竿輔助而擴展出的
前院、或是作為支點以透明帆布圍塑出
的戶外廚房等等。（直立式的街燈也有
類似的作用，在此就不多舉例。）

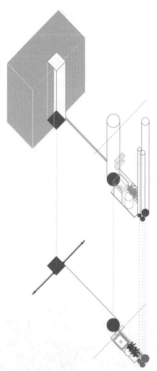

點＿騎樓落柱

　　其本身即是建築元素的柱子角色，但因為座落在公共的街道上，當視野拉至都市的尺度時候，他也就成為都市平面圖上的點。而這個點常是一連串放射性延展的空間界定物群的圓心。走在騎樓下，時常可觀察到此一現象：方柱的四個面，分別被擺設了一個與它差不多寬的小洗手槽，上方黏著一面鏡子；右手邊擺了一個直徑也是差不多的藍色塑膠垃圾桶，上方掛著小鐵架，擺著洗碗精、肥皂等清洗用具；對著大馬路的那一面，則因應需要，可能放出一列盆栽，或是店家的直立式招牌等；而隔壁共享的那面，就看鄰居如何使用，但大致也是依循著相似的邏輯，從一個方點長出十字，隨著時間推移，可能繼續擴展成長度不一的十字架形體，或是面積更大的方形區塊。

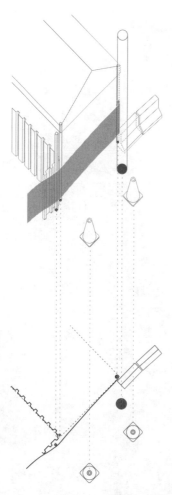

點__旗竿

　　此用法及邏輯概念類似於電線桿，差別在於，電線桿通常是一種既存物，有因地借力使力的特性；而自行立起的無論是旗杆、或是其他簡易的竹竿、角料、角鋼等，則都使行為顯得更具體主動。常見的例子是，在家屋側邊緊鄰小巷的牆面前方，用簡單直接的方式立起兩根鋼筋，後在牆面與兩根鋼筋中間的空間收納門板、窗框或玻璃等各式各樣的板材。

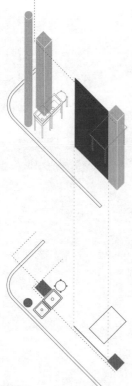

線__塑膠帆布

　　作為快速而有效的街道隔間材料，帆布在台灣可說是最為廣泛被使用著的材料之一。無論是不透明的厚重黃、綠色帆布、經典藍白線條相間的防潮布、或是有如玻璃視覺穿透感的透明 pvc 塑膠布等等隨處可見。它們是真正字義上區隔兩空間的『一條線』，幾乎沒有厚度，卻有牆、玻璃或是門板一樣的效果。

線__蚊帳／紗網

　　相較於帆布時常只是一道牆的角色，口袋公園或是牆邊延展出來的小菜圃有時會看到這樣一個半透明且透風透氣的材質，完整地圍塑出一整個空間。它不僅僅切分左邊和右邊、前面或後面，而是在戶外用一條線，再劃一次內外關係。

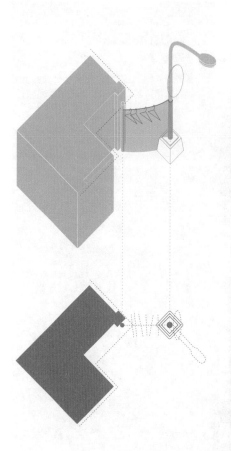

線__曬衣桿／線

　　曬衣服的行為本身和意象常與生活
感直接連接，無論是借用屋角水管與電
線桿作為支架，或是利用油罐灌注水泥
自製曬衣桿，住宅區的曬衣場頻繁從家
門外延展出空間。而其中出現的空間共
構狀態，例如曬衣服的同時順便禁止外
人停車，或是利用曬衣桿界定出自家的
戶外玄關、洗衣空間或是入口意象等等，
也都是常見的借力使力的自構築案例。

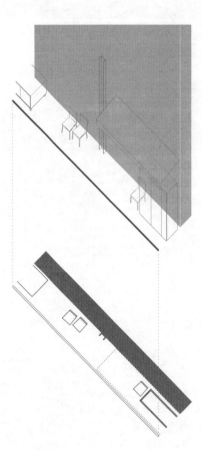

線__交通標線

　　如同一種習慣，停車會把車停在線
內，許多自發性延展出的小攤販、菜圃
或是儲藏室，也會把邊界線限制在線內。
當然這樣的實際狀況有它的幾種生成可
能：一是反映出道路紋理的功能規則，
線外即車道，為了避免車行碰撞必然會
有一條分界線。另一則是依循城市紋理
既存規則的下意識心理：當大家都在這
條界線以內，我就不會顯得特別突兀。
相較於上述兩種平面圖上的細線，交通
標線是真正的『平面』，沒有具體的垂
直分隔，卻有著相似的暗示效用。

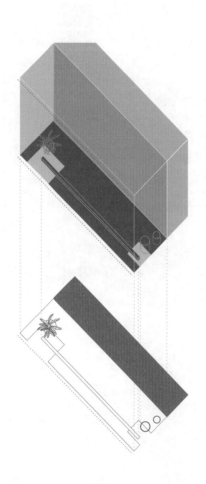

面＿鋪面

　　從市場攤商鋪在地上的瓦楞紙板到
用不同材質、紋理區別自家與鄰居家的
領地範圍，鋪面可以說是最委婉但意圖
明確的劃定『我的』範圍的手段。這種
分隔你我的心理暗示與地面標線相似，
但相比借力官方劃定的線條範圍，鋪面
的鋪設顯得更加主動去宣告使用權。

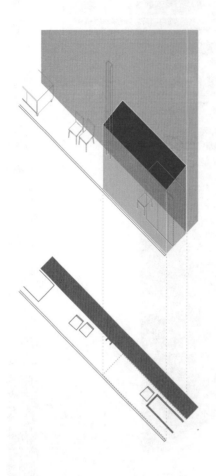

面＿頂棚 / 遮陽板 / 雨遮

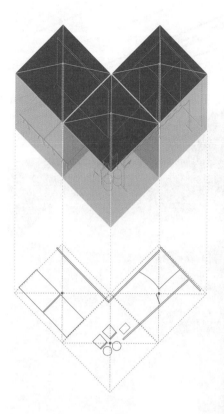

面＿傘

　　無論是市場常見的大陽傘，或是從騎樓撐出來的帆布雨遮，它們都採用一種（暫時性的）領空式主權宣稱：取得上空邊界即取得下方使用權。與點跟線稍有不同的是，『面』通常較少單獨存在，通常都會有垂直性的元素再次強化邊界。例如傘，使用的人可能會於中心傘柱搭出一個與傘的投影面積等大小的桌板，或是沿著此投影面的邊緣上下連接，架設出臨時性的隔間網／板等。如此的『邊界定義』，從單一單元尺度（例如一支陽傘）到連接延展成一個街面（例如市場），都是我們日常生活中所常見的。

03

態度及語氣的試探

　　走訪基地時（註4、註5）常會發現在一個區域內，會看到相似的空間實踐手法不斷被重複，或是一種特殊的傢俱被使用（有些物件組成在離開區域之後，幾乎就不會再看到類似的傢俱型態）。這種現象先不去探究其背後的區域產業或街坊鄰居的相互推薦團購，單就其街景呈現即顯示了一種區域的群體性。這種透過物件相互學習與試探的群體性，於接下來的篇章試以台灣的騎樓論述之。

　　身在台灣，對騎樓屢屢遭到各式各樣活動或物件的佔用該是習以為常，但為了更聚焦討論以騎樓作為溝通語氣試探的背景，此處將先進一步定義構成其背景的條件與型態。首先，他人機車的停佇，也就是佔據空間的人非鄰里關係的陌生人，暫時不在這個討論之內，因其牽涉的是更大範圍的互動關係。其次也不討論將騎樓延伸作為商業、餐飲業空間使用的案例們。簡單來說，以下論述是在『騎樓留設』這個法規之下，住戶與鄰里以空間及物件語言所進行的溝通來討論。

　　以下的圖說，階段0在這邊的定義為『尚未對於空間界定有意識』，其可能開始會有一些零星物件出現在騎樓區域，例如鞋子（沒有使用鞋櫃或地墊）單純的放置於門外、或是一組掃帚畚箕隨意的靠置在柱子邊等。隨著數字越高，界定的企圖心也越高，相對的，騎樓原本的公共性則越低越趨向私人化。

註4：在定義『主要觀察基地』時候，我們以『都市』做為主場景，為要在有既存都市規劃秩序之下的大涵構，去找尋生活在這框架下的人們怎樣去適應與調整（去實踐）他們的生活空間。但這樣的背景條件，其範圍仍然非常廣大，因此為求更有系統地走訪依據，我們從台中台鐵車站作為原點，步行十分鐘的距離作為半徑的範圍，作為各基地範圍。以新／舊火車站作為中心點的幾個理由如下：一，火車站位置的規劃本身，即可視作都市計畫的大架構框架。二，並且因應著生活需求與機能，無論是預先規劃或是後設的理由，通常在火車站周遭，都會有一小區的聚落。這樣的聚落某種程度比起『都市』，更加符合我們的『場景設定』。但，在實際走訪幾個點之後，首先將半徑縮減為步行五分鐘的範圍（參考『黃金距離』及綠地規範等數值調整而成）。並在第一本的調查紀錄報告，目前尚未將台中的所有車站紀錄完整（期待下回分解）。

註5：此外，這次為了讓基本概念的論述更加定調明確，在基地設定的範圍之外，我們也採用一些台灣其他地點的個案作為舉例論述。

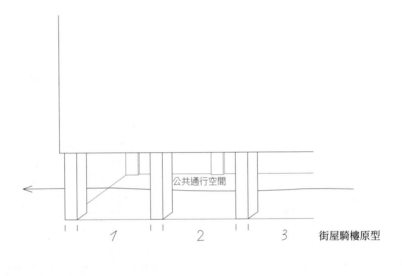

公共通行空間

1   2   3   街屋騎樓原型

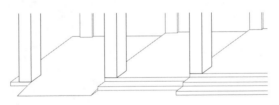

因應地形的調適

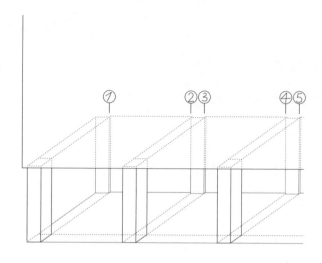

⑦ ②③ ④⑤

········· 為看不見的線（秩序）

────── ⑦─⑤ 有時可從立面上看到，作為戶與
戶之間的分隔島

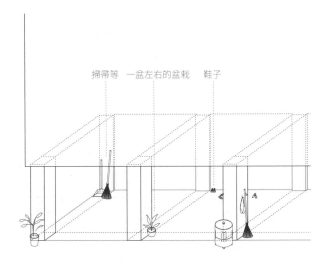

掃帚等　一盆左右的盆栽　鞋子

生活實踐 LEVEL 00

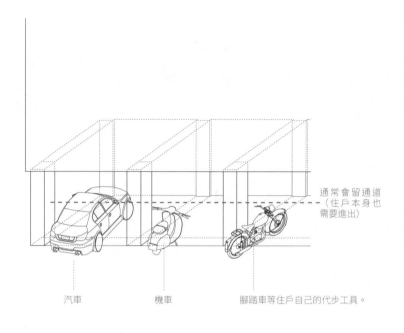

通常會留通道
（住戶本身也
需要進出）

汽車　　　　　機車　　　　腳踏車等住戶自己的代步工具。

生活實踐 LEVEL 01
（等級可累加，也可直接跳到 level 01；
或也可同時處在 level 00 及 level 01 之
間。以此類推。）

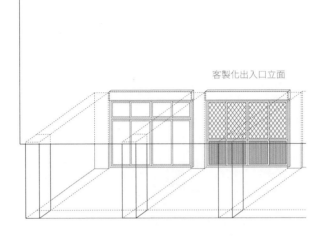

客製化出入口立面

生活實踐 LEVEL 02
有意識改變立面，試圖開始區分自己與
他人（鄰戶）的不同

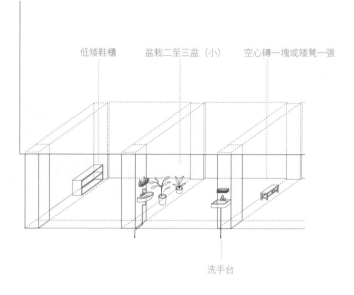

低矮鞋櫃　　　盆栽二至三盆（小）　　　空心磚一塊或矮凳一張

洗手台

生活實踐 LEVEL 03
在此的定義為開始以小物件界定與鄰戶
的關係，但完全（基本上）沒有實質對
橫向聯通造成影響。

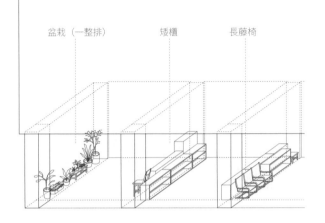

盆栽（一整排）　　　矮櫃　　　　長藤椅

生活實踐 LEVEL 04
以物件（傢俱）實質區隔開與鄰戶的聯
通關係，橫向道路的功能基本上在此階
段降至為零。

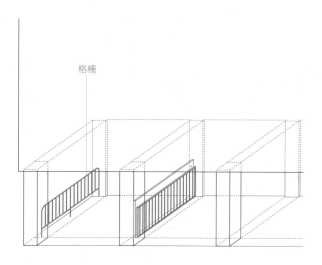

格柵

生活實踐 LEVEL 05
以格柵或矮牆來界定與鄰戶的關係（非
傢俱）（區別 level 04 及 level 05 的核
心差別在於主動性）。

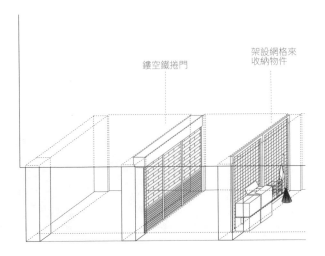

鏤空鐵捲門

架設網格來
收納物件

生活實踐 LEVEL 06
設置鏤空鐵捲門或將其他物件堆至滿（原
則上視線仍可穿透）。

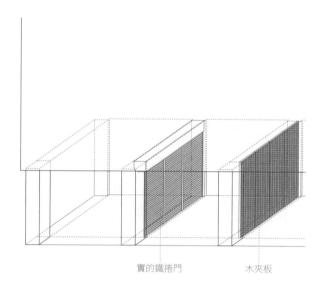

實的鐵捲門　　　　　木夾板

生活實踐 LEVEL 07
以實的鐵捲門或木夾板做完全性的區隔。

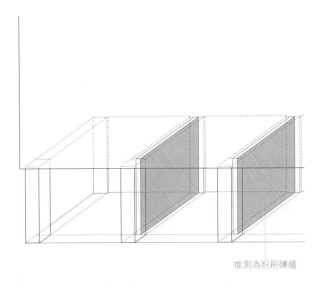

推測為粉刷磚牆

生活實踐 LEVEL 08
砌磚、粉刷。

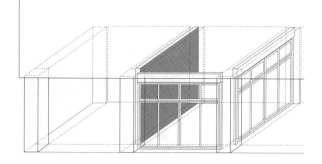

玻璃推拉門（目前尚未看見過
正立面直接封實牆的案例。

生活實踐 LEVEL 09
整個騎樓空間成為室內空間（僅管通常
以玻璃做區隔）。這種狀態的所見不多，
並記錄者本身也尚未查明此區是否仍有
硬性規定騎樓留設，或僅作為台灣一個
時期的建築類型。

小結

　　單就這樣的一個場景設定，其中的溝通即非常多元。例如從座椅的擺放方向來看，有一些案例會在兩戶中間，除了留下一條給行人穿越的大約１５０公分左右的走道外，擺放共用的茶几和隔著茶几對望的椅子，擺明了一種鄰居間的友好關係；而有一些就算放著差不多類型、高度等的座位，但卻是截然的朝向自己住家方向，他們與隔壁的關係似乎就冷淡了許多。又如果從貫穿的通道來看，雖然這部分牽涉到行人本身的多寡和往返的頻率，但仍然可以看出，只要有一戶首先留設出一個區域供行人通行（基本上難以推斷先後順序），一整排騎樓都會在差不多的區域留設出基本相同尺寸的通道。最後一個提出來做結語的則是高度，普遍看到的現象是，當左邊一戶使用大約半身的圍欄區隔自己與鄰戶關係時候，右邊一戶常會使用可能不同材料，但差不多高度的圍牆，不甘示弱一般，重申自己的區塊。

　　上述說明了幾種不同的溝通態度：有直接了當的友好宣示；有類似彼此試探，我今天多往公共空間延伸一尺，發現明天隔壁鄰居也做了類似動作而放心，一種齊頭式的安全感拿捏；也有類似於無聲較勁，你今天多封閉我一些，我明天就相對的封閉你一些……等等。在騎樓處暫時無人的時刻，仍然可以看到互動溝通的殘影，跨時空疊合運作著。

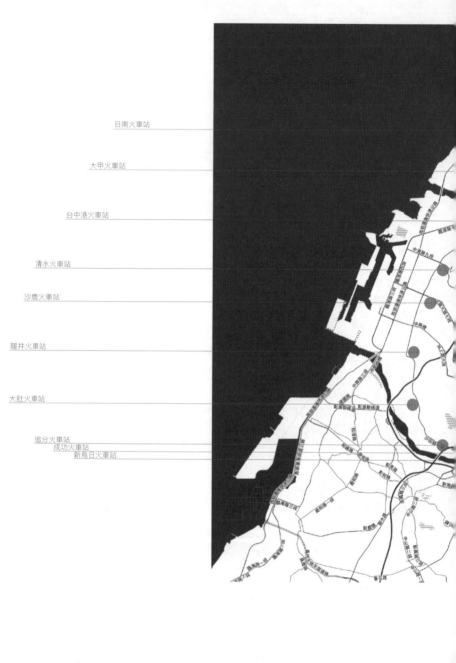

日南火車站

大甲火車站

台中港火車站

清水火車站

沙鹿火車站

龍井火車站

大肚火車站

追分火車站
成功火車站
新烏日火車站

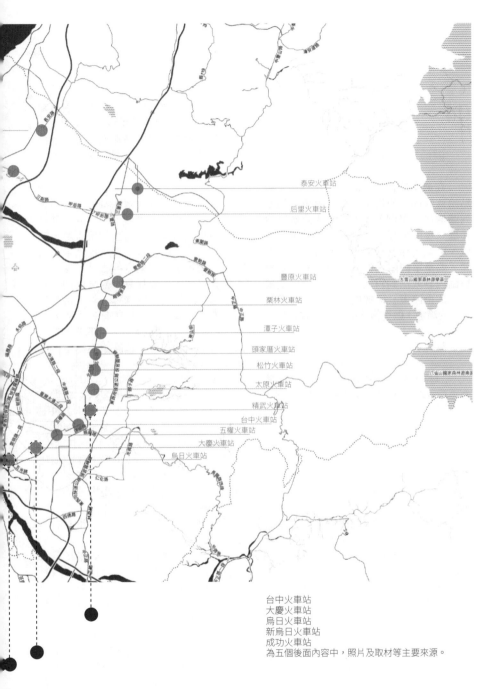

泰安火車站

后里火車站

豐原火車站

栗林火車站

潭子火車站

頭家厝火車站

松竹火車站

太原火車站

精武火車站

台中火車站

五權火車站

大慶火車站

烏日火車站

台中火車站
大慶火車站
烏日火車站
新烏日火車站
成功火車站
為五個後面內容中，照片及取材等主要來源。

04

溝通進行中

在前文開啟用『溝通』作為切入觀點論述時候，使用了『禁止停車』的系列圖像作為舉例，以下則分成兩個階段作進一步的論述。第一部份是椅子的擺放，可以視作友善與否、公共／私人空間、或是單純阻止他人停車等的好幾種對話內容或活動再現。第二部分則是延伸『禁止停車』而成的『有限度停車範圍』的溝通，做更複雜的互動模式論述。

椅＿

『椅，無靠背的稱為杌，是一件用來坐的傢具，為腳物傢俱的一種 ，一般包括一個座位、椅背，有時還包括扶手，通常會有椅腳使座位高於地面。其他和椅相類似的東西還有沙發、長椅、臥椅等，另外還有用以承托腳部的腳凳；裝在車上的座椅一般稱為座位。作為傢俱的椅一般是可移動的。』（註6）

椅子本身即有很強烈的動作具體化能力，主要因為其形體與人體的連結可以說是非常直接而明確。（作為快速的相似傢俱比較：桌子，其與人的連結性相較就少了許多。桌子可以在不與人產生直接關係的情況下『正常的／不被誤用的』作為一個展架或陳列台。但有靠背有扶手的椅子，基本上就極少會以『正常的／不被誤用的』方式做其他功能的使用。）因此它（們）的出現，很容易會讓人直觀地聯想到人的活動。例如一張

籐椅孤伶伶的擺在門外牆邊，正對著前方小巷，多多少少會去聯想可能在午後、晚餐前，會有個老人坐在上面發呆或挑豆子。只是因為現在時間不對而沒人在使用。

又，看過一篇文章在敘述一個小鎮有個特別的紀念逝去親人的方式，他們會在過世親人生前最喜歡的風景地，擺上一張長凳，彷彿可以看到他們坐在上面，心滿意足眺望遠方的表情一樣。然後也讓路經的人能休息、分享他們摯愛的景色。這篇文章的陳述，除了再一次回應椅子本身對於動作的具現化能力之外，也開始提及了他本身具有的方向性。而其自身的方向性，就開始不得不與周遭環境做對話。

從我們基地走訪下的照片記錄當中來看，椅子作為主角所佔比例頗為大量。但再一次分析圖像的時候開始會面臨一些挑戰，即這張椅子究竟是作為『椅子』還是作為『路障』？或也許上述兩種功能都兼具的多功能？或其他更廣泛的使用方式？近百張照片所呈現出的論述可以回到最開始所提及的，『物件』與『物件們』的關係，進而延展出的空間意義。

作為『座椅』的椅子，如果是單張狀態，通常其周圍（手的延伸範圍內）可能會伴隨著從牆面牽出的水龍頭，並同時擺著幾個水盆；或是明顯擺在鞋櫃旁邊，一邊的牆上釘著釘子掛著鞋拔；或就是一邊擺著一個煙灰缸。而『成群』的狀態則是最好辨認的，例如兩張椅子相對，中間擺放一張可以容納棋盤大小的小桌子，彷彿可以看到傍晚時分老人

圖 04-1

家坐著對弈；三、五張不同樣式的椅子向心圍繞，帶出了一個不那麼正式的鄰里活動中心；又或是在小公園內三三兩兩並置的塑膠椅，像是一個劇場舞台，即將上演下午時分婆婆媽媽隨性家常，看著放學的小朋友們在一邊玩耍的活動情境。

作為『禁止停車』的椅子，最容易辨認的，是那些『坐』功能喪失／被剝奪的個體，例如椅面的破損或是椅子直接倒放。從空間做為觀察角度，一張椅子的力道通常藉由置中（以一戶的牆面為單位）並離牆大約半台車（縱向1·5公尺）的距離展現。不過作為更強烈的宣示，椅子也有可能會直接站在交通標線上、與其他數種物件（例如盆栽）線性排列，讓車子無法見縫插針、又或是以椅子為支點，直接用繩索將範圍拉上等等（某種程度回到前述『空間文法』的操作手段）。

圖 04-2

除了上面使用傢俱語言做溝通的例子之外，也會看到許多直接搭配文字溝通的例子（圖04-1），這些在訊息的傳達上當然顯得更為有效且無辯駁臆測的空間。但另一方面來看，我們的日常生活街道上，似乎隨時隨地上演著『這不是一個菸斗』的思辨活動。（圖04-2、圖04-3）

車__

台灣的公共空間，甚至是居住環境，幾乎免不了與車打交道的痕跡。（這邊想先做一個註解：後設的回顧後，發現基地走訪的過程當中有一個有趣的現

圖 04-3

註6：維基百科：椅子 https://zh.wikipedia.org/wiki/%E6%A4%85

象：即所搜集的『有意思的照片』，多來自於台灣傳統的街屋房型（沒有自帶車庫的設計），這樣的家屋與街道的對話溝通尤其豐富。反觀連棟的透天厝（有前院車庫的房型），儘管一樣直接面對巷弄，其對話基本上就大幅度降低或消失。）在『椅子』的後半舉例，主要都是把椅子當作命令句『禁止停車』在討論領域界定與路邊停車之間針鋒相對的關係。而接下來的這部分所要討論的，一樣是領域界定與車的動態關係，但除了截然的對立面之外，他們有時也會以一種相輔相成的曖昧關係互動著。

首先從『車』本身暫時性的私密空間圍塑作討論：在鄉間、野外，便利商店或加油站難求時遇到小孩尿急，有時會看到利用車體本身加上兩扇車門，以三面『牆』圍成小孩的臨時廁所；或是移動餐車，當車子停在空地，架設出臨時的棚子與切分出廚房區與座位區時候，車體本身轉化為牆體屏障，成為空間元素。這邊所想強調的兩個關鍵詞分別是車子本身所具有的『暫時性』及『圍塑性』。接下來的一系列街道平面圖，紀錄的即是這樣子的關係：車體停靠後所產生的圍塑性被預設進空間配置，因此案例中的對話不再以一句話決定是非，而是使用各種物件的擺放、開放與圍塑程度的拿捏，來控制『必然』會存在的車體停靠之於使用者所需求的生活延伸空間界定。可以看到案例中的空間界定，反而是在車子的佔停之後顯得『剛好』而完整，彷彿使用者在使用、『預想、規劃』這個空間時候，即設定好了『車』所扮演的空間元素一樣。

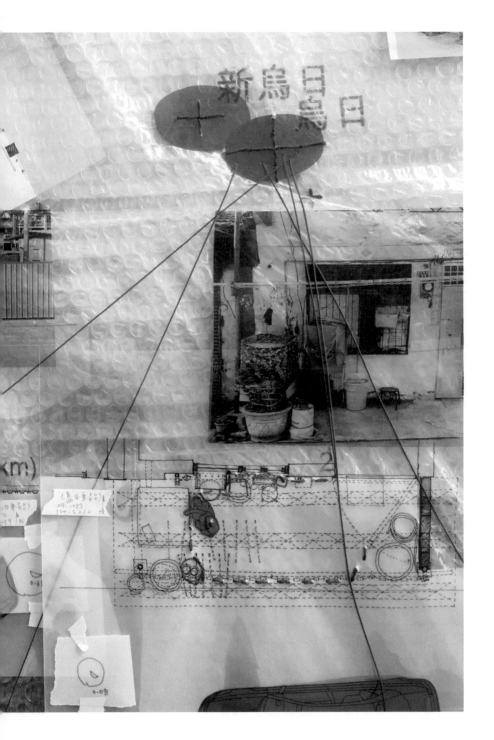

A Taichung Station

台中火車站

24° 8'14.12"N
120° 41'11.93"E

完成年份:1905 年。1905 年設立「臺中驛」。1908 年縱貫線
全線通車。1917 年第二代 車站主體建築完成。1935 年中部
大地震中受損嚴重。1945 年因二戰時盟軍對臺中實施空 襲使
車站受損。1950 年右翼候車室與貴賓室擴建完成。1995 年
內政部指定為二級古蹟。 1999 年在九二一地震中受損嚴重。
2005 年車站結構整修完畢。2012 年臺中車站高架化,新站工
程動工。2016 年第三代車站第一階段通車啟用。2018 年第三
代車站第二階段工程,通往建國路舊站廣場之二樓通道、一
樓轉運中心、大平台完工啟用。 歷史背景:1905 年台中驛開
始營業,站房於同年 6 月完工啟用,1909 年旅客跨站天橋啟
用。1908 年縱貫線全線完工通車,至此由基隆經台中線至打
狗的鐵路就全線通車。

24.1374
120.6813

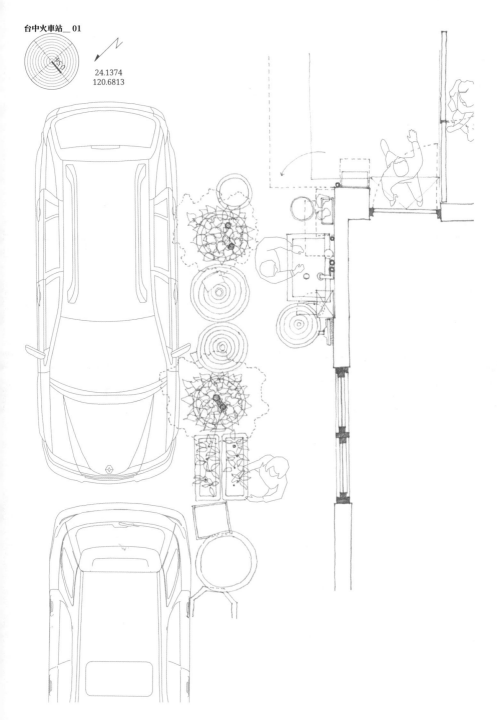

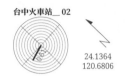

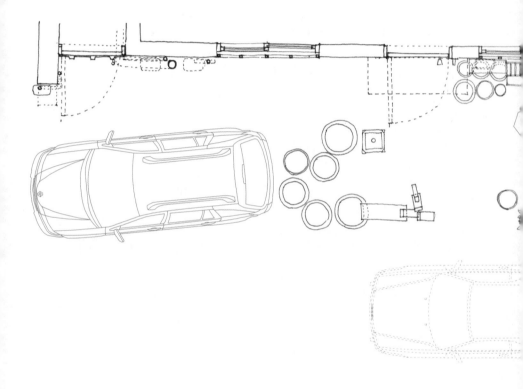

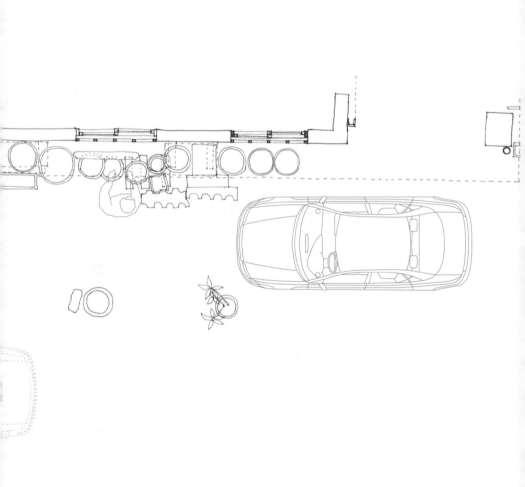

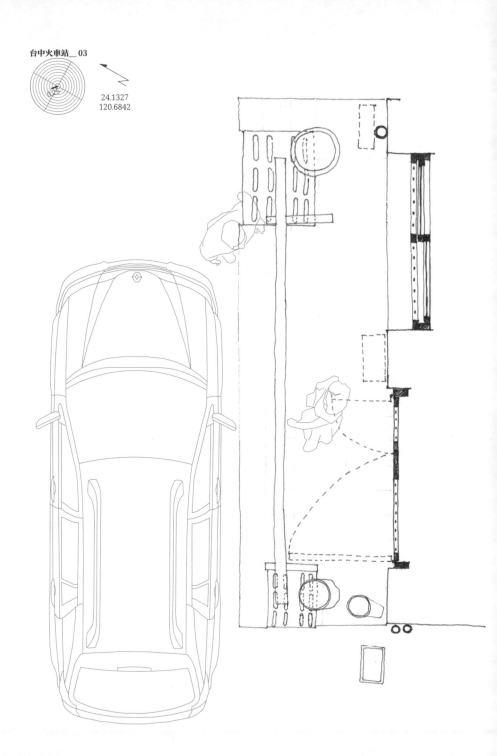

台中火車站＿03

24.1327
120.6842

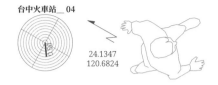

台中火車站＿04

24.1347
120.6824

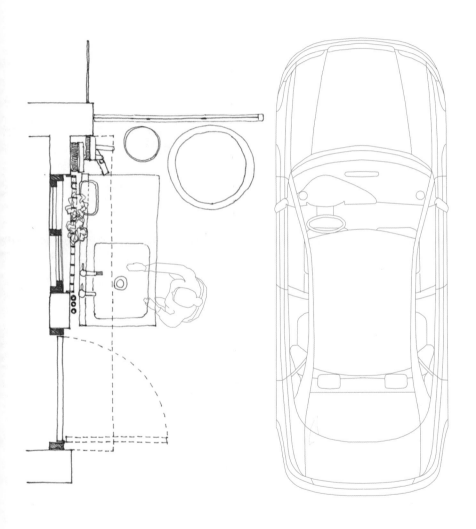

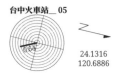

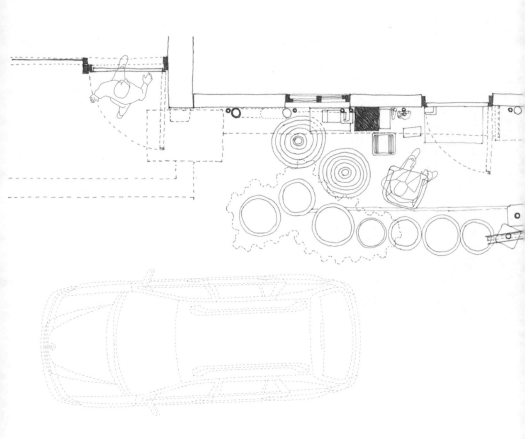

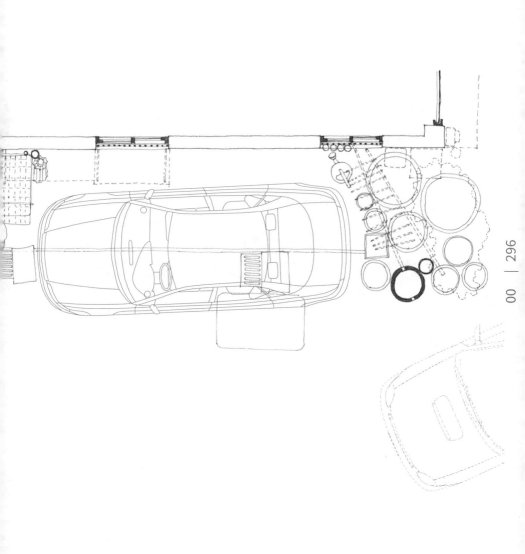

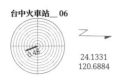

24.1331
120.6884

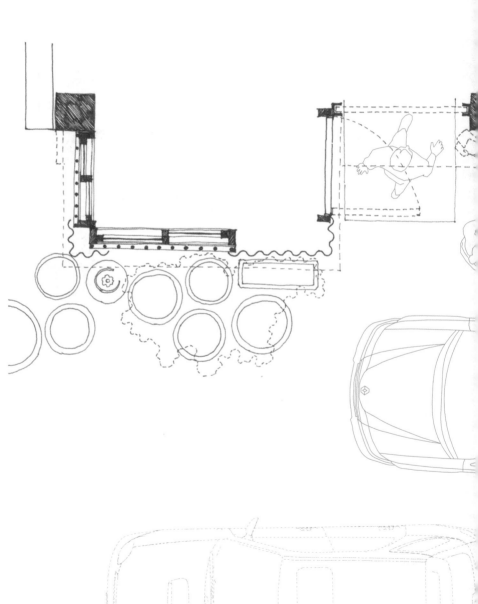

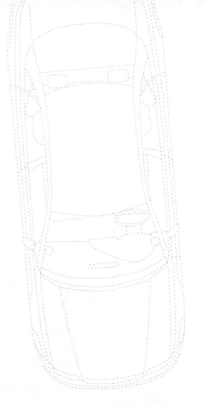

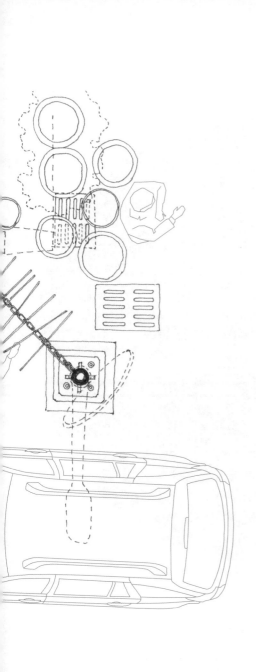

Wuri Station

烏日火車站

24° 6'31.04"N
120° 37'20.89"E

完成年份:1905 年 5 月 有無整合性的變化:1905 年 5 月,烏
日驛創設。1970 年 8 月,現有站房落成啟用,波浪型雨簷為
其建築特色。歷史背景:烏日初名為湖日,地名於 1904 年改
稱烏日。2006 年 12 月新烏日車站啟用,因此再度 降等為簡
易站,並由新烏日車站管理。烏日車站位於臺灣臺中市烏日
區,為臺灣鐵路管理局臺中 線的鐵路車站;未來將與臺中捷
運綠線 (烏日文心北屯線) 站外轉乘車站。

Xinwuri

新烏日火車站
24° 6'35.44"N
120° 36'51.60"E

完成年份 :2006 年 12 月
有 無整合性的變化 歷史背景 :2006 年 12 月部份啟用。2012
年 6 月內部工程大抵完工。台鐵新烏日車站位於臺灣臺中 市
烏日區，為臺灣鐵路管理局臺中線的鐵路車站，與高鐵台中
站共站，兩者間有室內人行通道相 連接；未來將與臺中捷運
綠線 (烏日文心北屯線) 共站，成為三鐵共站車站。

24.1082
120.6259

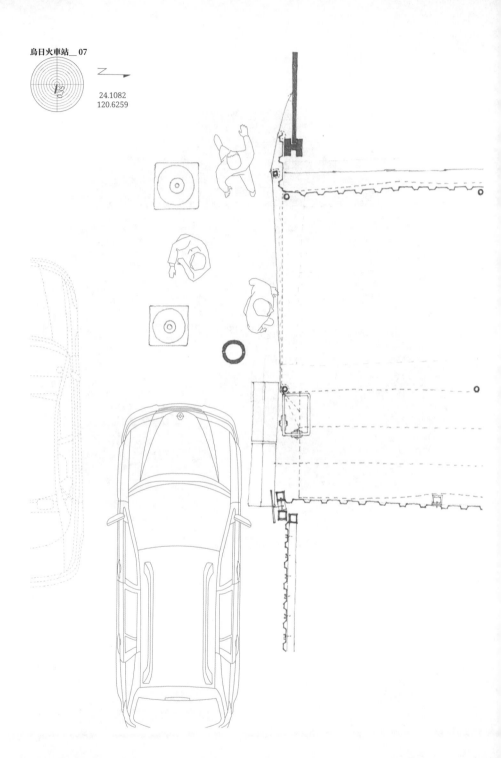

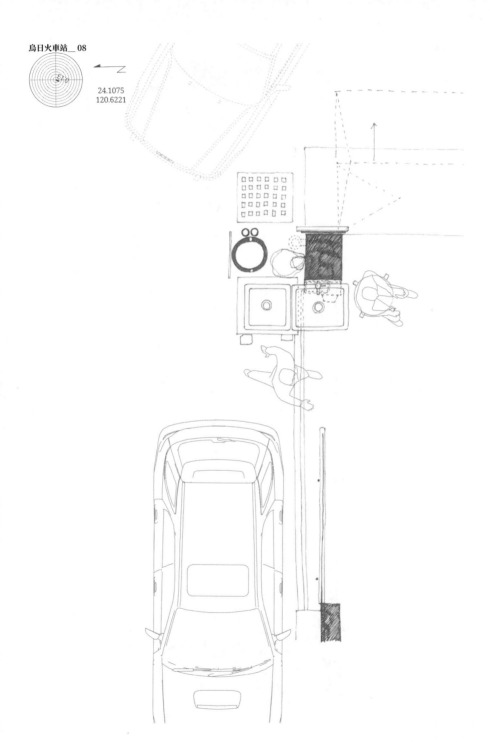

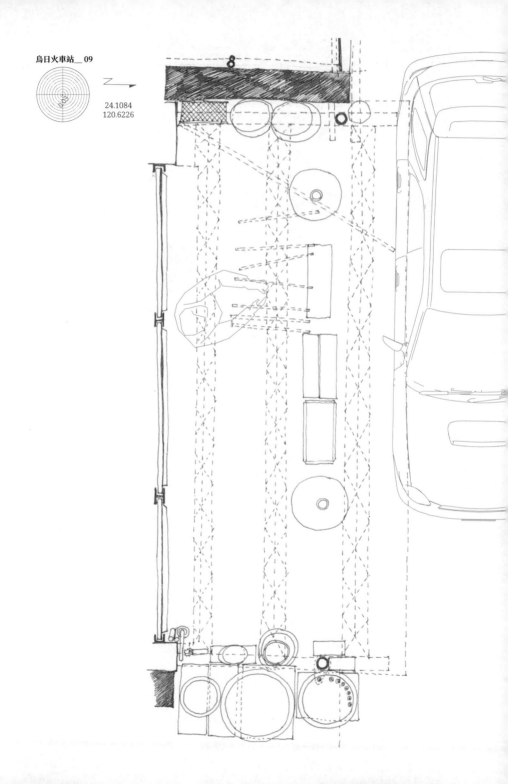

烏日火車站__ 10

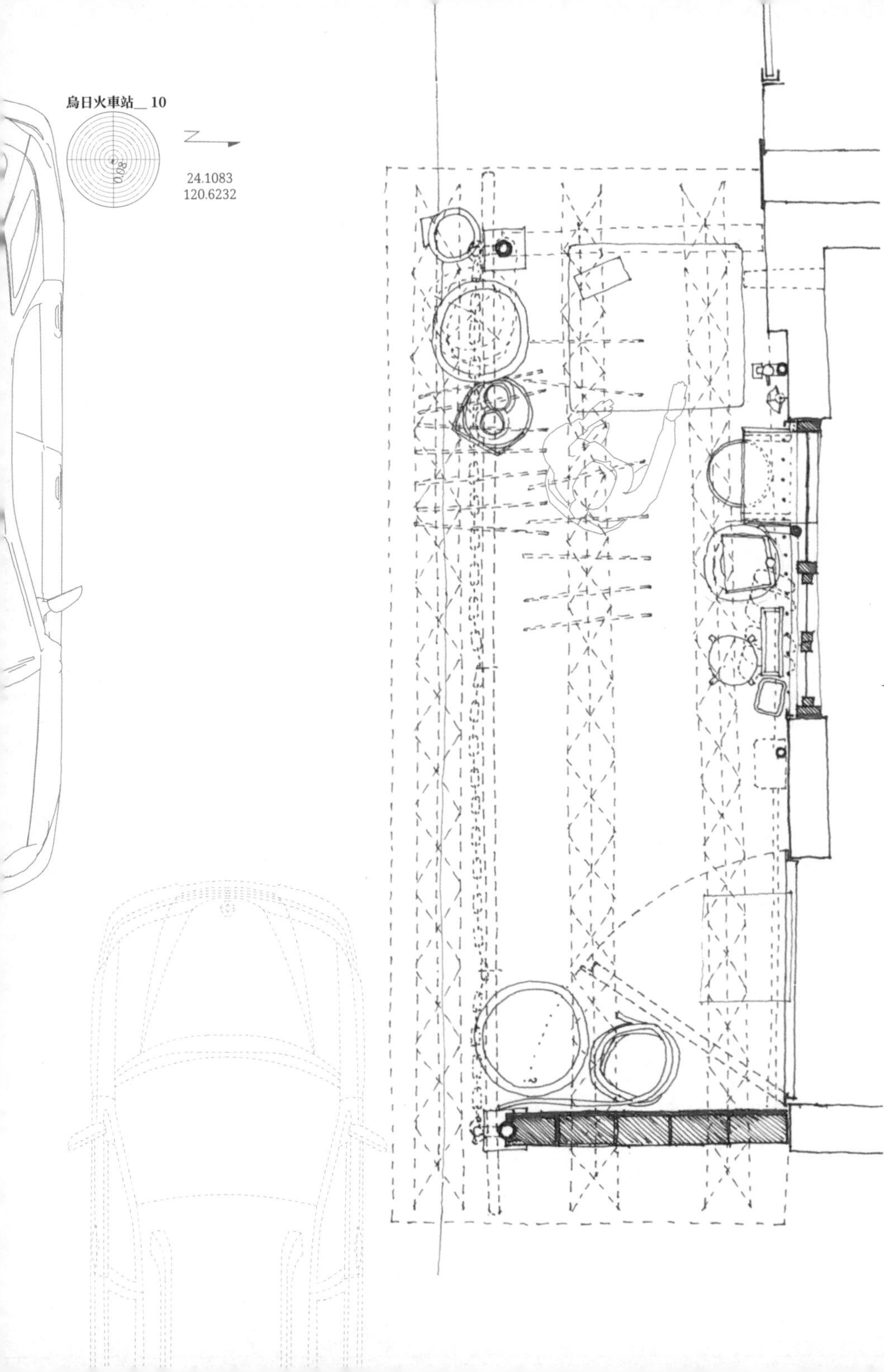

0.08
24.1083
120.6232

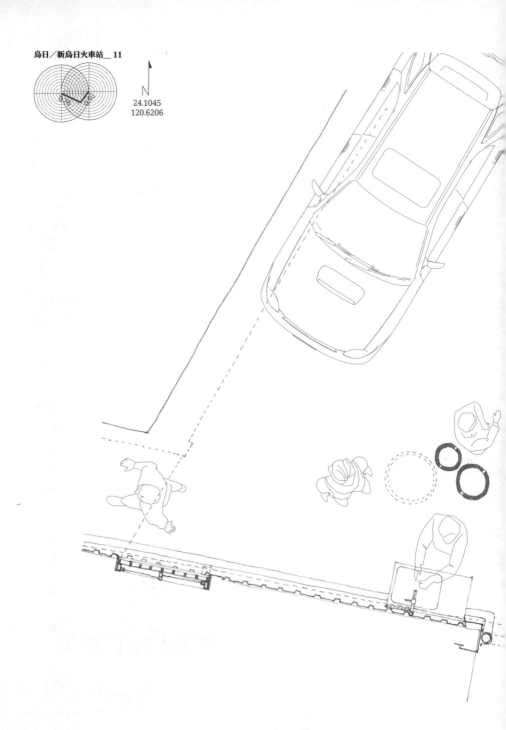

N
24.1045
120.6206

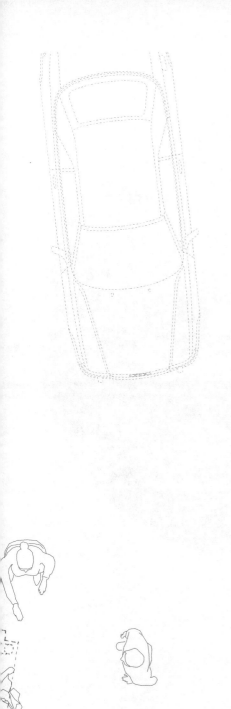
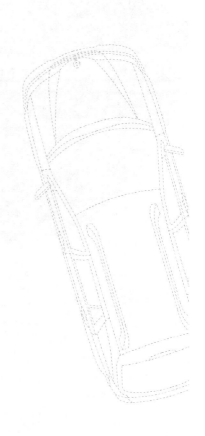

Chenggong Station

成功火車站

24° 6'51.36"N
120° 35'24.69"E

完成年份 1905 年 5 月
有無整合性的變化 :- 歷史背景 : 明治 38 年 (1905 年)5 月日設
立大肚驛 (當時之位置係位於今成功站南方 0.6 公里處)。 大
正 9 年 (1920 年)12 月海岸線完工通車時新設立大肚驛，同日
起位於山線的大肚驛往北遷移至成功 站現址，並改名為王田
驛。民國 56 年 10 月配合成功嶺營區設立改名為成功站，成功 -
彰化間於 76 年 4 月完成雙軌通車，同年 9 月連絡成功與追分
間的「成追線」落成啟用，從此山線就可以不用經 由彰化站
而直接通往海線。今日之成功站係完成於民國 57 年 6 月，屋
頂的部份則採用了兩個類似 漏斗並列的設計而頗具特色。

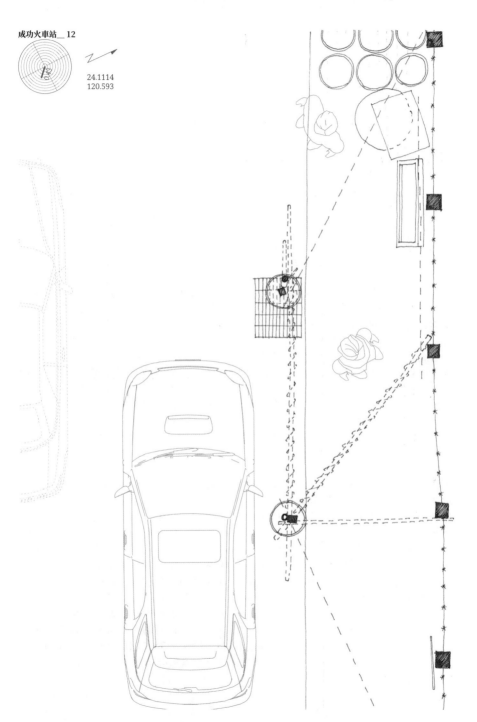

成功火車站 _ 12

24.1114
120.593

00 | 308

05

『……呈現新舊雜處的景觀，這已經不能用考古學的方法了。』（赤瀨川原平、藤森照信、南伸坊合編 (1986/2014)。《路上觀察學入門》。嚴可婷、黃碧君、林皎碧譯。台北：行人文化實驗室。）

『考古學（英語：archaeology 或 archeology），對於過去人類社會的研究，主要透過重建與分析古代人們的物質文化與環境資料，包括器物、建築、生物遺留與文化景觀。由於考古學運用許多不同的研究程序，它可被認定為一門科學與一門人文學。考古學包括遺址調查、發掘以及最後對所收集資料的分析，以便更瞭解人類的過去。就宏觀的視野來看，考古學仰賴跨學科分析，學科上的協助來自人類學、歷史學、遺傳學、演化生物學、生物科技、藝術史、古典學、民族學、地理學、地質學、語言學、物理學、資訊科學、化學、統計學、古生態學、古動物學、古生物學、古民族植物學與古植物學。考古學在 19 世紀由歐洲的古物蒐藏發展出來，從那時開始就成為遍布世界的學科。從一開始，各種特別型態的考古學就已發展，包括海洋考古學與考古天文學，以及多樣的科學技術以輔助考古學調查。』（註 7）

＊

《路上觀察學入門》和《考現學入門》（今和次郎著、藤森照信編）是近期日本體系在定義『考現學』較直接的著作，裡面透過對話討論或都市觀察實踐、都市物件搜集等方式，試著想要給這個新『學問』一個更精確的定義。就諸多本計畫的操作方式、觀察及討論對象而言，基本上可說我們就是以考『現』學的方式，去理解我們所生活的都市。之所以這麼說，是因為我們幾乎是類比考『古』的方法——『透過重建與分析古代人們的物質文化與環境資料，包括器物、建築、生物遺留與文化景觀』——去研究人類社會，只是對象是『現在』而非『過去』。而這也是我對這個新學問的定義。這個類比之與此計畫而言最有趣的部分，可以說是『人』在照片檔案中幾乎是消失，或是『可有可無』的存在。這樣的表明可能會帶來一些爭議，但這正是提出『考現（古）學』作為最後結語論述的原因：之所以『考』古，是因為我們所屬的時空不同，無法實際經驗『過去』的生活狀態，因此透過各種遺留下來、固化的空間、器物等，應用各種不同的科學領域試著去拼湊研究『那個時空』的生活樣貌。而在上面幾段落的論述當中，也是用這樣的模式去研究『現在』的生活樣貌，透過停留在當下時空的物件以及被物件定義出來的空間，去重現人的活動。

在這邊想再次提及舒茨在《社會世界的意義構成》中，『社會世界』如何透過主觀意識過渡到客觀意識，進而被構成的論述。『客觀構成』（註8）其中一個很重要概念即是『非特定對象的他者』，只有在實際行動（對外溝通）可以讓多於特定對象的他者理解，才能算是社會構成的初始。

　　人的活動是我們研究的基底，只是我們採用『被遺留下來的痕跡』試圖去找出其背後構成的邏輯。這些活動在我們的田野調查時候必然佔有許多重要的意義，例如最初提到的印度街道的字符意義，也是因為觀察到人的這個行為才得以恍然大悟。有時候完全以旁觀者之姿觀察，有時候也會直接開啟對話，只是在這次的論述整理中，稍微有意識的去除掉這一部分，試以『物』的觀點去理解我們的生活空間。

註7：維基百科：考古學 https://zh.wikipedia.org/wiki/%E8%80%83%E5%8F%A4%E5%AD%A6

註8：此處客觀與主觀的定義，借用舒茨《社會世界的意義構成》關於『主觀意義』與『客觀意義』的定義與用法。在本書的27節中對此說明：『主觀意義與客觀意義的問題可以延伸到各式各樣的證明去，也就是說，任何人接觸到某個既存的製造品（註5）時，可以用兩種不同的方式加以詮釋：一方面他可專注於他的「對象性」，包括真實或理念的對象性，而不是去在意他與製造者的關係；或者，他可以把它看成製造者的議事流程的證明，也就是製造者如何在逐步的設定過程當中製造出對象。』某種程度來說，『我們不能將製造品的客觀意義全是為特定「你」的特殊經驗證明，而該被詮釋為已經被構成設定、帶有「普遍意義」的客體化之物，「他」是被隱藏在非個人的某人背後。』

註9：同樣出自此書27節：『藉由詮釋個體化之物去進行理解他人的活動，他人的意識體驗藉著這一些客體化之物呈現出來，客體化之物或許是被構成的行動對象（動作、姿態、或其他的行動結果），或是人造物（狹義的記號或是被製造出來的外在世界對象，例如工具、紀念品等等）。這些客體化之物的共通特點是，它們只有透過理性存有者（不論是我或是「你」）的設定才可能存在。因為他們是行動的製造品，而製造品便意味著他是行動者意識地證明。』

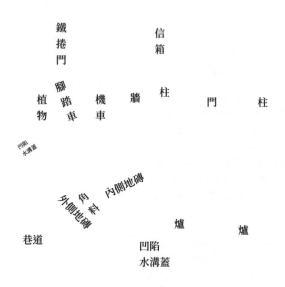

鐵捲門　　　　　　信箱

　　　　腳　　　　　　柱
植　　踏　機　牆
物　　車　車

凹陷
水溝蓋

　　　　　　　角　內側地磚
　　　　　外側地磚　料

巷道　　　　　　　　　爐　　　爐
　　　　　　凹陷
　　　　　　水溝蓋

門　　柱

附錄 1：
後面內容為〈溝通觀點＿（街道）傢俱
語言〉中所提及的文字概念之於圖像自
明性的相互關係，其試驗的各個階段。
但此處採用的倒敘法，試傳達從抽象化
後的文字概念空間，回復到真實樣貌的
還原過程。

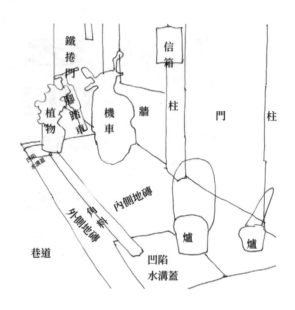

鐵捲門

信箱柱

腳踏車

植物

機車

牆

門　　柱

內側地磚

外側地磚

車痕

巷道

凹陷水溝蓋

爐

爐

凹陷水溝蓋

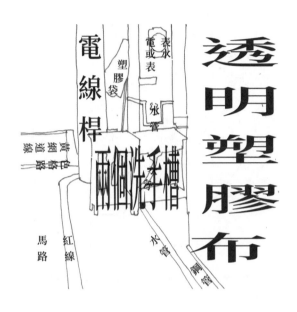

透明塑膠布

電線桿

兩個洗手槽

表水
電或
表

塑膠袋

水管

黃色
網格
道路線

紅線

馬路

水溝鋼管

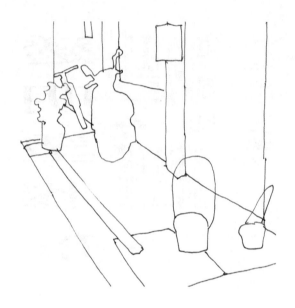

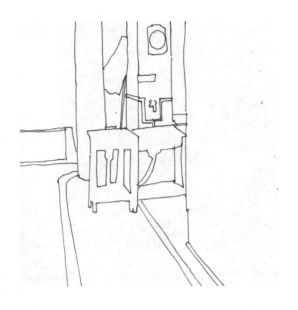

參考及引用文獻

中文書目

Schutz, Alfred(2012)，《社會世界的意義構成》(游淙祺譯)。北京：商務印書館。(原著作出版年：1932)

Goffman, Erving(2008)，《日常生活中的自我實現》(馮鋼譯)。北京：北京大學出版社。(原著出版年：1959)

Ching, Francis DK(2011)，《建築：造型、空間與秩序》(楊明華、莊展華譯)。台北：茂榮書局(原著出版年：1971)

Baudrillard, Jean(2018)，《物體系》(林志明譯)。台北：麥田出版。(原著作出版年：1968)

Lefebvre, H.(2015)，《空間與政治》(李春譯)。上海：上海人民出版社。(原著出版年:2000)

De Certeau, Michel(2015)，《日常生活實踐 1. 實踐的藝術》(方琳琳、黃春柳譯)。南京：南京大學出版社。(原著出版年：1980)

Sokolowski, Robert(2004)，《現象學十四講》(李維倫譯)。台北：心靈工坊。(原著作出版年：2000)

Winner, Langdon(2004)，<技術物有政治性嗎？>(方俊育、林崇熙譯，林崇熙校訂)。載於吳嘉苓、傅大為、雷祥麟（編譯）《科技渴望社會》。台北：群學，頁 123-150。(原著出版年：1980)

今和次郎著、藤森照信編(2018)，《考現學入門》(慕宛如、龔宛如譯)。台北：行人文化實驗室。(原著出版年：1987)

朱剛 (2002)，《二十世紀西方文藝文化批評理論》。台北市：揚智文化

吳鄭重 (2010)，《廚房之舞：身體和空間的日常生活》。台北市：聯經

赤瀨川原平、藤森照信、南伸坊 (2014)，《路上觀察學入門》(嚴可婷、黃碧君、林皎碧譯)。台北：行人文化實驗室。(原著出版年：1986)

侯志仁 (2019)，《反造城市：非典型都市規劃術》。新北市：左岸文化出版社

游淙祺 (2005)，<舒茲論主觀主義與客觀意義>。載於《中國現象學與哲學論評》。上海：上海譯文出版社，頁 181—202。檢自 http://libwri.nhu.edu.tw:8081/Ejournal/4012000407.pdf

黃瑞祺 (2018)，《現代與後現代 — 當代社會文化理論的轉折》。高雄：巨流圖書

英文書目

Holston, J. (1995)，**Spaces of Insurgent Citizenship**, Planning Theory 13: 35—52 (17 p.)

Hou J. (2010)，**(Not) your everyday public space**。《Insurgent Public Space Guerrilla Urbanism and the Remaking of Contemporary Cities》。New York: Routledge，CH1

Crawford M., Leighton Chase J. and Kaliski J.(2008)，**Everyday Urbanism**,New York: The Monacelli Press

McFarlane, C. (2011b)，**Learning the City**. Chicester, United Kingdom: John Wiley and Sons Ltd Press.

Woliński, Michał(2014)，**Building Activity, Sculpting Communication, Open Form Space, Interaction, and the Tradition of Oskar Hansen**, Berlin: Sternberg Press pp:22—23

Nishat Awan, Tatjana Schneider, and Jeremy Till (2011)，**Spatial Agency. Other Ways of Doing Architecture**, London: Routledge

Rudofsky, B., & Museum of Modern Art (New York, N.Y.). (1987). **Architecture without architects: A short introduction to non-pedigreed architecture**. Albuquerque: University of New Mexico Press.

Venturi R., Scott Brown D., Lzenour S. (1972)，**Learning From Las Vegas**, Cambridge MA: MIT Press

Studio BASAR (2010), **Evicting the Ghost: Architectures of Survival, Romania:Centre for Visual Introspection**, Peoluspatru Association

Tsukamoto, Yoshiharu (2010)，**"Architectural Behaviorology"** (Trans. Steven Chodoriwsky)。in《**Behaviorology**》。New York: Rizzoli pp8—15

中文期刊

王志弘 (2009)，多重的辯證：列斐伏爾空間生產概念三元組演繹與引申。《地理學報》，第 55 期，頁 1-24。

王志弘 (2015)，拼裝都市論與都市政治經濟學之辯 （The Debate between Assemblage Urbanism and Urban Political Economy）。《地理研究》第 62 期，頁 109—22。

李承嘉 (2005)。行動者網絡理論應用於鄉村發展之研究以九份聚落 1895—1945 年發展為例，地理學報，第 39 卷，頁 1—30

吳飛 (2009)，" 空間實踐 " 與詩意抵制 - 解讀蜜雪兒‧德塞圖的日常生活實踐理論。《社會學研究》，2009(2)。

游淙祺 (1999)，論舒茲的實質行動概念，《台灣哲學研究》，第二期，頁 281~299

游淙祺 (2002)，舒茲論處境與行動，《南華大學哲學學報》，第四期，頁 195~230

趙榕 (2010)，" 事件 — 空間 "：伯納德‧屈米的設計策略及其實踐。《建築與文化》，第 2010 年 01 期。北京市：世界圖書出版公司

葉丹、張京祥 (2015)，日常生活實踐視角下的非正規空間生產研究 — 以寧波市孔浦街區為例。《人文地理》，2015 年 05 期

英文期刊

Anderson, B. and McFarlane C. (2011)，**Assemblage and geography.** Area 43(2): 124—27.

McFarlane, C. (2011a)，**Assemblage and critical urbanism.** City: Analysis of Urban Trends, Culture, Theory, Policy, Action, 15(2): 204—224.

Seamon, David & Nordin, Christina. (1980)，**Marketplace as place ballet: A Swedish example.**(source:https://www.researchgate.net/publication/238783468_Marketplace_as_place_ballet_A_Swedish_example)

Seamon, David. (1980)，**Body—subject, time—space routines, and place—ballets. The human experience of space and place.** 148—165. (source: https://www.researchgate.net/publication/283876413_Body—subject_time—space_routines_and_place—ballets)

網路資源

廖昱凱、曾于珊 (2018)，**城市作為一台拼裝車：裝配都市主義如何組裝城市？**。檢自 https://www.geog—daily.org/geogconcepts/3316370（12 Jun., 2020）

俞懿嫻 (2000)，**現象學的存而不論 Phenomenological Epoché**。《教育大辭書》檢自 http://terms.naer.edu.tw/detail/1310598/)（30 May., 2019）

國家圖書館出版品預行編目 (CIP) 資料

非常普通田野計畫 : 非常普通文化 - 日常生活場域
的顯與現 / 曾韋翔 , 李舲主編 . -- 初版 . --
臺中市 : 軟設計 , 2020.05
面 ; 公分
ISBN 978-986-98910-0-4(平裝)

1. 都市社會學 2. 文化景觀 3. 田野工作 4. 臺灣

545.1933   109002971

非常普通田野計畫

非常普通文化——日常生活場域的顯與現
The Form of Invisible -
the un-common ordinary in Taiwan

主　編　曾韋翔　李　舲

編　輯　吳政諺　余孟璇　林亜妏　馮琴雯

校　稿　范瑄

封面設計　陳新璇

印　刷　平面藝術文具印刷有限公司

發 行 人　曾韋翔

出　版　軟設計有限公司

地　址　408 臺中市南屯區大墩六街一號

電　話　886-4-2315-2015

E-mail　wei@softformaction.com

初版一刷　2020 年 9 月

定　價　新台幣 500 元

I　S　B　N　978-986-98910-0-4

代理經銷　白象文化事業有限公司